JN098883

広報のプロが教える

# メディアのトリセツ

取材獲得への**5**ステップ

三上毅一
Kiichi Mikami

中央経済社

# はじめに

──「目立った成果がないから，社内の風当たりが強い」
──「他の部署の人に『広報・PRって何をしているの？』と聞かれて
　つらい」

　大企業であれば，社内に「広報部」や「PR部」といった専門の部署
があるでしょう。部署には複数のスタッフが在籍して，先輩が後輩を指
導したり，分担して業務を行っていたりします。

　しかし，中小企業やベンチャー企業の場合，ごくわずかな人数で広
報・PRの仕事を回していることがほとんどです。小さな会社ほど，い
わゆる「ひとり広報」が多いです。自社ホームページの更新やSNSでの
発信などの業務を，すべてこなしていたりします。それどころか，広
報・PRが専業ではなく，営業や事務と兼務していることも珍しくあり
ません。

　それにもかかわらず，会社のトップや他部署からは，「テレビ東京の
『WBS』出演を狙いたい」「日本経済新聞の本誌で報道されたい」とい
うプレッシャーをかけられたりします。期待に応えるため，懸命にプレ
スリリースを書くものの，メディア掲載はもちろん，問い合わせすら来
なくて途方に暮れているかもしれません。

──「我が社が，メディアに取り上げてもらう方法なんてあるの？」

　安心してください。取り上げてもらう方法はあります。

　著者は，40年にわたって500社以上の会社の広報・PR活動をサポート
してきました。コンサルタント業務以外にも，広報・PR初心者のため

のオンラインサロン「ゼロイチ広報」で講師を勤めています。

　本書では，著者が培ってきた，メディアへのコンタクトから掲載獲得までの方法を徹底的にお伝えします。

**──ただし，1つだけ約束してください。それは，決して焦らないこと。**

　広報・PR活動は，本来，とても地道で地味な活動をコツコツ積み重ねていくものです。たった1枚のプレスリリースで，すぐに結果が出るものではありません。かといって，プレスリリースをやみくもに100通流したとしても，メディア掲載に結びつくものでもありません。

　広報・PRの世界に「一発逆転」はないのです。けれども，一度手に入れたメソッドは，生涯にわたってあなたの武器になります。

　本書を片手に，メディアからの問い合わせが絶えないような広報パーソンを目指しましょう！

2024年4月

三上　毅一

## ◉ 本書で扱う内容

本書では，以下の5ステップについて，章分けして解説していきます。

**ステップ1**：広報・PR活動を正しく理解する（第1章）
**ステップ2**：メディアが広報・PRに求めるものを知る（第2章）
**ステップ3**：広報・PR活動を進めるための土台をつくる（第3章）
**ステップ4**：自社の情報をプレスリリースなどに落とし込む（第4章）
**ステップ5**：準備した情報を売り込む（第5章）

私がPRエージェンシーに入社した40年前と比較すると，広報・PRに関する書籍など，関連情報は増えました。「ワイヤーサービス」も誕生し，サイトに登録すれば，業種，事業規模を問わず，どのような会社でもメディアに向けてプレスリリースを一斉配信できます。昔に比べると，広報・PR活動に対する敷居は低くなったように思います。

その一方で，ステップ1〜ステップ4の過程を飛ばして，ステップ5ばかりに注目している広報パーソンが多くなっている気がしてなりません。広報・PR活動の本質的な部分を学ばずに，近道ばかりを探していては結果が出ないのは当然です。

本書では，第1章で広報・PR活動がどういうものなのかを正しく理解します。そして，第2章では，掲載してもらうメディアについても知ります。知ることで，メディアとの関係性を築くことができるようになるでしょう。

それを踏まえたうえで，第4章では，自社の強みやオリジナリティーを整理します。最後の第5章では，プレスリリースなどのツールを用いてメディアに情報を売り込む方法をお教えします。

# CONTENTS

## 第4章 自社の情報をプレスリリースなどに落とし込む

## 第5章 準備した情報を売り込む

## 巻頭インタビュー

# 池上 彰氏と考える
# 広報の「伝える力」

インタビュアー：著者

池上彰氏プロフィール：名城大学教授，東京工業大学特命教授など6つの大学で教壇に立つ。1950年，長野県生まれ。1973年にNHKに記者として入局。松江，呉での勤務を経て東京の報道局社会部。1994年から2005年まで「週刊こどもニュース」の"お父さん"。2005年に独立し，現在に至る。

## 報道と広報

——池上さんはテレビやご著書で，世の中のニュースについて，とてもわかりやすく解説されていますよね。広報として，いつも参考にさせてもらっています。

池上：情報を発信する，という点では広報と私の活動で共通するところもあるかもしれませんね。

——そうなんです。「伝えたい情報をうまく伝えられない」「情報発信しても，メディアに注目してもらえない」というご相談を受けることが多いです。本日はそのあたりについてお伺いできますと幸いです。

池上：わかりました。私でお力になれることがあれば。

# 情報発信者と受け手のギャップ

——普段，「どのようなことに気をつけてニュース解説をしているのか」を教えていただけますか？

池上：情報発信をする側は，つい自分の常識で「これくらい書けばわかるだろう」「こう言えば，伝わるはずだ」と考えがちです。だけど，受け手はいろんな人がいるわけですよね。そのことについては，いつも意識しています。そうしないと，情報を伝える側とそれを受け取る側の間に誤解が生じてしまうこともあります。例えば，新型コロナウイルスのワクチン接種をめぐるデマですね。

——いろんな情報が飛びかっていましたよね。極端なもので言うと「ワクチンは人口減少を目論んだもの」といった"陰謀論"も……。

池上：陰謀論，ありましたね。ワクチンを開発する側や医療の専門家からすると，ワクチンは「社会を防御するためのもの」です。つまり，大勢の人が感染し，たくさんの死者を出さないために接種を推奨します。でも，個人差があるわけですから，ワクチンを接種したことで，中には体調が悪くなる人もいるわけです。

——インフルエンザワクチンと同様ですよね。

池上：ええ。そもそも，ワクチンとはそういうものなのですよ。ただ，インフルエンザのワクチンについては，これまで何十年にわたって接種されてきたため，副反応が出たからといって，いちいち大きなニュースになることもありませんよね。

　しかし，新型コロナウイルスのワクチンは新しく開発されたものだから，副反応の数やワクチン接種後の死亡者数というものも数字として出てきます。

　すると，ニュースを見る人によっては，「ワクチンは危険なものな

んだ」「打つと，死んでしまうんだ」と感じてしまうんです。

　いわゆる陰謀論では，ワクチン接種が始まってから，死亡者数が増えたと言われていますが，決してそんなことはありません。

　まず，ワクチンは高齢者から接種を始めましたよね？

　大前提として，高齢者はワクチンを接種しても，していなくても，毎年一定の人数は何らかの理由で亡くなってしまいます。冷静に考えるためには，毎年亡くなる高齢者の数と，ワクチンを接種した後に亡くなった高齢者の数を見なければなりません。それらを見比べると，ワクチン接種が始まったからといって，死亡者数が増えているわけではないんですよ。

**──つまり，受け手のことを考えると，情報発信者はワクチン接種後の死亡者数だけでなく，そもそも，毎年どれくらいの人が自然に亡くなっているかも伝えるべきなのですね。**

池上：そうなんです。もっと言えば，ワクチン接種後に死亡した人がいた場合，「ワクチンとの因果関係は不明」「原因不明」のような形で発表されることもありましたよね。

　その人がワクチンを接種したことが原因で死亡したかどうかは，司法解剖や行政解剖をしなければわかりません。けれども，例えば，お年寄りの方が自然に亡くなった場合，そのままお葬式に，という流れになりますよね。もし，その人がワクチンを接種していても，火葬してしまった後は，ワクチンとの因果関係はわかりません。すると，「原因不明」というふうに計上されるんですよ。

**──それを，科学的なリテラシーを持っていない人が見たら……。**

池上：「ほら，ワクチンを接種したら死ぬんだ」「『原因不明』で片付けられてしまうんだ」と思うかもしれません。あるいは「なぜ，原因を究明しないんだ？」という，少しずれたところで反発をしてしまうわけです。

## どうしたらギャップを埋められるか

——情報を発信する側と受け取る側の間に，かなり大きなギャップが生じていますね。

池上：理想は，情報を受け取る側も科学的なリテラシーを身に付けることです。でも，現実問題，そのような受け手は多くはいません。そのため，発信する側が，リテラシーがない人が大勢いることをわかったうえで，表現も含めて，どういう伝え方をしたら誤解が生まれないのか，ちゃんと考えなければならないと思うんです。

——企業広報も同じですね。受け手はどんな人なのか，その情報を見た人のことを考えながら伝えたいことを伝える。ここは，やはりとても重要なんですね。

## 新聞は「飯のタネ」

——池上さんは日頃，どのようにして情報を仕入れているのですか？

池上：常に，複数の情報源から情報を得るようにしています。新聞はもちろん，書籍，雑誌，インターネットなど，いろんなものを見ていますね。特に，新聞の情報は大切にしています。

——私も，情報収集に新聞は欠かせませんと思っています。池上さんが，新聞が重要だとお考えになる理由をお聞かせいただけますか？

池上：限りなく「正確な情報」が手に入るからです。新聞記者は情報収集のプロですし，記者が書いた原稿は，デスクという紙面の決定権を持つ人がチェックします。さらに，校閲というポジションの人が誤字脱字だけでなく，事実関係にも誤りがないかを確認します。大勢の人の目が入ったうえで世の中に出ていくため，基本的に正しい情報になっていきます。もちろん，作業するのは人間ですから，誤りもゼロ

ではありませんが。

——ちなみに，どれくらいの量の新聞を読まれているのですか？

池上：全国紙や地方紙，子ども新聞といったものを合わせて，12紙チェックしています。アナログ人間なので，基本的に紙の新聞を読んでいます。

　過去にNHKに勤めていた時は，会社で新聞を読むことができていました。退職後は自分で新聞をとらなければいけません。そこで，独立した際にまず取り掛かったのが，郵便受けの拡張でした。

——郵便受けの拡張！

池上：それでも入りきらなくて。時々，配達員の人からインターホン越しに「郵便受けがパンパンなんで，取りに来てください」と，呼び出されることもありましたね（笑）。

　このようにして新聞を読んでいると，「どういう意味だろう」と疑問がいっぱい出てくるわけですよ。そうしたら「しめた」と思うのです。自分自身が「？」と感じることは，他の新聞読者もきっとわからない。そこで，疑問がわいた事象について，テレビで解説したり，週刊誌や新聞で記事を書いたりしています。これが私の"飯のタネ"です。

## 地方新聞の存在について

——なるほど。先ほど，地方新聞も読んでいるとおっしゃっていましたよね。現在，新聞業界はどんどん発行部数が減って，地方新聞の中には経営が苦しいところもあります。けれども，地方新聞は地域の情報をきちんとキャッチして報道しているという点から，私はとても大切な存在だと思っています。

池上：まったくその通りだと思います。例えば，宮城県仙台市に本社を

置く河北新報は，東北全体の情報をカバーしていますから，東日本大震災の復興状況が現状どうなっているのか把握しやすいです。中国新聞は，広島県の核廃絶への思いや，岸田文雄首相は広島選出ですから，選挙関係の情報もチェックできます。それに，たしかに地方新聞の市場こそは縮小傾向ですが，それぞれの地域への影響力はかなりあります。広報パーソンは，見ておいたほうがいいと思います。

**──私も，長野県の信濃毎日新聞などは読んでいます。**

池上：信濃毎日新聞は報道のレベルが非常に高いですよね。私も好きな地方紙の１つです。


## 海外出張時は現地の新聞も購入

**──そういえば，2022年の米国中間選挙の際，アメリカに長期出張されていましたよね。あのような時は，新聞はどのようにしてチェックされているのですか？　帰国後，まとめて読むのでしょうか。**

池上：国外にいる時は，日本の新聞は電子版で見るようにしています。同時に，現地の紙の新聞もせっせと買っていますね。

　アメリカにいた時のことをお話ししますと，小さな売店ではなかなか数が集まらないので，ニューヨークのグランド・セントラル駅まで毎日通いました。そこで，ニューヨーク・タイムズやウォール・ストリート・ジャーナル，イギリスのフィナンシャル・タイムズなどを購入していました。タブロイド紙で言うと，ニューヨーク・ポストやニューヨーク・デイリーニューズもチェックしていましたね。売り場のスタッフの方とすっかり仲良くなり「あなた，こんなに新聞を買っていたら，家が新聞だらけになるでしょう」と，からかわれることもありました。

## クリッピングで世の中の見え方が変わる

**——購入した新聞はその後，どうしていたのですか？　私たちのような広報業界では，クリッピングと言って，気になる記事を切り抜いて集めたり，保管したりするのですが。**

池上：私も，せっせと切って貼る，ということをしています。こうして記事を集めていると，世の中の見え方が変わってくると思っていて。

**——アメリカでも，そう感じられたことはありましたか？**

池上：そうですね，米国中間選挙を例とすると，ニューヨーク・ポストは徹底して反民主党の立場をとっています。毎日毎日，民主党の悪口ばかりを書いていましたよね。

　ところが，中間選挙で共和党が伸びず，民主党が健闘する結果となりました。その理由について，共和党内では「トランプ前大統領のせいでは」とささやかれていたんです。そして，中間選挙が終わった直後，トランプ前大統領が「2024年の大統領選挙に出る」と宣言しました。すると，記事では「フロリダの男が立候補宣言」と書き，トランプ氏を全面に出さなくなったんです。

**——すごい表現ですね。**

池上：そうなんです。これを見ると，「共和党内部で反トランプがこんなに増えているんだ」「トランプ氏の今後はかなり危ういのでは」ということが見えてきます。このようなものは，現地に行ったり，情報を集めたりしてはじめてわかることです。

## 新聞に振り回される必要はない

——最近，新聞を読まない若い方も多いですが。

池上：「YouTubeやTikTokで情報を収集しています」という人も多いですよね。何か調べごとをする際，Googleなどで検索をかけるのではなく，YouTube上で探す人もいらっしゃいます。

——少なくとも，広報パーソンにはしっかり新聞を読んでいただきたいですね。

池上：はい。ですが，必ずしもすべての記事を読まなくていいと思っています。見出しをチェックして，今，世の中で何が起きているのかを把握する。「おや？」と感じたものについてのみ，じっくり見てみればいいんです。新聞は購読するべきですが，日々の生活のすべてを新聞に振り回される必要はないということです。私も，12紙全部の記事を毎日読むなんて，できませんから。

## ぎっしり文字が詰まったプレスリリースは「残念」

——広報パーソンが伝えたい情報を伝えていくには，どうすればいいと思いますか。

池上：私もプレスリリースをいただくことがあるのですが，とにかく情報がぎっしり詰まっているんですね。おそらく発信する側は，「あれも入れたい，これも入れたい」という気持ちになるのでしょう。さらに，大きい企業になれば，1つのプレスリリースに対していろんな部署が回覧します。すると「この話が書かれていないじゃないか」といった指摘が入り，結果的にものすごい量になってしまう。

　そのぎっしり文字が詰まったプレスリリースを，どれだけの人が読もうと思うのか，広報の方は一度立ち止まって考えてほしいんです。

だから，本当に割り切りですよね。書きたいことはいっぱいあるけれども，全部載せてしまったら誰も見てくれない。ただでさえ，活字離れも進んでいます。情報量をコンパクトにして，ぱっと見られるものにしたり，「詳しい内容はこちら」のようにしたりしてQRコードを掲載してもいい。

――どこまで情報を切り捨てられるか，ですね。

池上：難しいとは思うのですが，広報パーソンはまず「聞き取り」をしてほしいですね。専門用語やまわりくどい表現について，関係者に「これはどういうことですか」と聞いてみるのがいいでしょう。「あなたのおじいさんやおばあさん，あるいはお子さんやお孫さんに説明する場合，どういう表現を使いますか」と，関係部署に考えてもらって，それをそのまま書けばいいんです。「ひと言で説明するとすれば？」と聞いてもいいかもしれません。

## 広報が持つべき矜持

――ヒアリングをするという発想はとても勉強になります。

池上：あえて極端な言い方をすると，広報パーソンは社内の人に対しては"馬鹿"になるべきだと思うんです。「わかりません」「どういう意味ですか？」と問い続けることが大切です。

　そのほかにも，常に正直でいてほしいと思います。例えば，最近SDGsが流行りなので，多くの企業でそれを謳っていますよね。けれども，中には「本当にSDGsをミッションとしているのかな？」と思うような会社もありませんか？　そういう会社を「グリーンウォッシュ（Greenwashing）」と呼ぶんですよ。これは「グリーン（＝環境に配慮した）」と「ホワイトウォッシュ（＝ごまかす，うわべを取り繕う）」を合わせた造語です。つまり，うわべだけを環境保護に熱心

だと見せることです。

**——会社の代表者から「SDGsをアピールしろ」と言われたら，広報パーソンは逆らえないという気持ちもわかります。**

池上：えぇ。広報部門は企業によっては上に意見がしやすいところもあれば，ただひたすら従うしか選択肢がないような会社もありますよね。難しいかもしれませんが，「これはやめたほうがいいんじゃないでしょうか」「我が社は本来どうあるべきなんでしょうか」ということを，広報パーソンが発言できるのが理想ですね。

情報が溢れている現在，みんな目立とうとして自社の情報をどんどん脚色して，限りなく「フェイク」に近づいてしまっていると思うんです。そんな今だからこそ，正直でいることがむしろ差別化につながるはずです。広報部門は，「社内に対しては愚直であれ。社外に対しては正直であれ」と申し上げたいです。

これを突き詰めていくと，「そもそも，私の会社は何のために存在しているのか」と，会社が原点に帰るきっかけにもなります。会社は存続していかなければなりません。目先のことだけでなく，そんな機会を広報パーソンがつくってくださるとうれしいですね。

情報の取捨択一や経営陣への進言など，広報は本来，勇気を振り絞らないといけない仕事だと思うんです。勇気を，広報パーソンとしてのプライドを持って，今後も取り組んでほしいなと思います。

**——本日は，ありがとうございました。**

第1章

# 広報・PR活動を
# 正しく理解する

# 広報・PRは地道な仕事

## 華やかなイメージと裏腹に……

　「広報・PR」というと，どのようなイメージを持つでしょうか。「企業の顔」としてテレビや雑誌などに出たりすることもあり，華やかなイメージが強いかもしれません。商品を紹介したり，社内を案内したりする姿をテレビで見たことがある方も多いと思います。

　しかし，華やかなイメージがある一方で，実際には非常に地味で地道な活動です。地味で地道な活動をコツコツと積み上げていくことで，時間をかけて社会との関係性を築いて企業イメージをつくっていくのです。

**＜広報・PRの仕事の例＞**
- プレスリリースでメディアに情報を提供
- メディア側から求められる情報の資料集め
- 消費者に対してSNSなどを通じてコミュニケーション
- メディアや消費者から得たフィードバックを社内や経営者に還元

## 広報が優秀と名高いビール業界，
## その中でも有名なＡさん

　ビール業界は「広報が優秀」としてメディアで非常に有名です。その中でも有名な方（以下，Ａさんとします）がいます。

　「お酒のことならＡさんに聞けば間違いない」とメディア内で評判で

す。例えば，メディア関係者がウイスキーの記事を書くために問い合わせをしたところ，Aさんはその記事が自社商品について書かれるものではないにもかかわらず，ウイスキーについてさまざまな資料を揃えてくれたそうです。自社商品の掲載に関係なく情報提供をしてくれるAさんに，そのメディア関係者は感謝していました。きっとそのメディア関係者は，Aさんの会社が新商品や新たな施策などを打ち出したいときには，喜んで協力するでしょう。

Aさんのように自社商品以外の資料を揃えたりすることは，一見遠回りにも感じます。ただ，そういったことの積み重ねで，メディアとの関係性が強くなるのは間違いありません。

> **メディアの声**
> 「業界全体の情報提供をしてくれる広報パーソンは，メディアにとってありがたい存在です。そのような方は，他のメディア関係者にも紹介したいと思いますし，お困りのときなどは，こちらも協力したいと考えます。」（雑誌編集者）

## 広報パーソンが抱えるジレンマ

Aさんの例に見るように，広報パーソンには，地道な活動が求められます。しかし，多くの広報パーソンは，自社商品・サービスの販売促進のみに注力せざるを得ません。ひと言で言えば，余裕がないのです。

会社のトップから「メディアへの掲載・報道を獲得してくれ」と言われ，その期待に応えられないと，会社の業績が悪くなった際に真っ先に人員が減らされるような憂き目に遭います。

実際，新型コロナウイルスの影響で会社が低迷したときに，広報・PR部門のスタッフが大幅に削減された会社もありました。

このように，地道な活動が評価されず，即効性が求められ，大きなメディアに取り上げられることがほぼ「マスト条件」のようになってしまっています。広報・PR活動に対する理解は進まないのにもかかわらず，プレッシャーだけはやけに強いのです。

## 教える人がいないのも特徴

私が関与する広報・PRのためのオンラインサロン「ゼロイチ広報」には，「いきなり広報を任せられたが，そもそも何をすべきかすらわからない」という相談が多くあります。

会社に広報・PR部門があって先輩がいればまだいいほうで，上司や先輩などの指導者がいない状況で突然，ベンチャー企業の「ひとり広報」に任命される方もたくさんいます。

ノウハウもない状況で，暗中模索しながら広報・PR活動を行っている方が多いのが，この業界の特徴です。

**＜広報パーソンのジレンマ＞**

トップからのプレッシャー

教えてもらえない…

## アクセスを稼ぐための炎上商法

　会社のトップに「大手メディアに取材してほしい」とミッションを課された広報パーソンは，とにかくたくさんのプレスリリースを書きます。ただ，やみくもにプレスリリースを出しても，メディアからの取材獲得はなかなか難しいでしょう。

　追い詰められた広報パーソンが何をするか。売上やアクセスアップを狙って，自社のウェブサイトやSNSなどに過激な記事を掲載してしまう方を散見します。その結果，好意的でない反応が寄せられる「炎上」状態に陥ります。

　このような炎上商法は，一時的なアクセスを稼ぐことは可能です。しかし，広報の本来の目的に照らしてどうでしょうか。企業のブランディングという面に関しては，マイナスしかありません。

　こういった「困った末の炎上商法」を多く見たのが，著者が筆を執った理由でもあります。広報・PR活動は，正しいやり方をすれば，効果が出てきます。本書では，40年間かけて築き上げたノウハウを，余すところなく後輩に届けたいと思います。

**＜炎上商法はマイナスしかない＞**

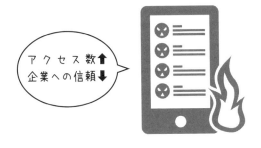

アクセス数↑
企業への信頼↓

# 広告と広報・PRはどう違うのか

## プレスリリースをいくら流しても徒労に終わる理由

　私のもとには，「ファッション業界の広報をしているのですが，『PR TIMES』と『@Press』どちらがおすすめですか」「配信先は新聞，雑誌，テレビ，Webのどれにすればいいですか」という相談が多くあります。

　広報・PR活動の本筋は，掲載してもらいたい媒体に対して的確な情報を提供することです。それにもかかわらず，相談を聞くと，「プレスリリースをたくさん打てば，いつかチャンスがやってくる」と思っている広報パーソンが多いです。

　もちろん，たまたま運よくヒットすることもあるのかもしれませんが，著者自身はこれまでの40年間の経験上，「プレスリリースを数打ったおかげでメディアに取り上げられた」ということはありません。プレスリリースをいくら流していても，メディア側が価値を感じない限りは，記事にされることはないと考えています。

## 広告と広報・PRの違い

　まずは，「広告」と「広報・PR」の違いについて認識をする必要があります。広告は，新聞，雑誌，テレビ，Web等のスペースを買い取り，情報の発信を行うことを言います。情報のコントロール権は広告主である企業にあります。それゆえ，ほぼ自由に伝えたい情報を掲載・放送することが可能です。ただし，掲載枠を購入するため，コストがかかりま

す。また，情報の自由度が高いぶん，客観性は低くなります。そのため，どうしても読者や視聴者の注目度が低くなってしまいます。

それに対し，広報・PRは，メディアによって編集された記事や報道番組などによって情報を発信します。メディア側が掲載内容を決めるため，企業側で発信する内容をコントロールすることはできません。その一方で，メディアという第三者の機関が情報を整理・発信するため，客観性や信憑性があり，読者や視聴者の注目度が高くなります。もちろん，掲載によって費用が発生することもありません。

もちろん，広告も的確なターゲットに最適なメッセージを発することができれば，それがムーブメントとなり，時には，企業イメージや売上の向上にもつながります（広告の手法を否定するわけではないということは補足します）が，広報と広告の違いを認識して広報・PR活動をすることが肝要です。

**＜広告と広報・PR＞**

| | 広告 | 広報・PR |
|---|---|---|
| 情報発信の仕方 | 買い取った広告・CM枠の中で情報発信する | メディアの記事・番組という形で情報発信する |
| 発信する情報の自由度 | 伝えたい情報をほぼ100％コントロールできる | メディアからの情報発信のため，コントロールできない |
| コスト | 割高（広告費・制作費） | 割安（活動実費） |
| 読者・視聴者の注目度 | あまり注目されない（広告は無視，CMは録画で飛ばされる） | 注目する（視聴者が見たい記事・番組の中身だから） |
| 視聴者の信頼度 | 企業が自社の商品・サービスを薦めても，それで購入しようとは思わない＝手前味噌感があって信憑性にかける | メディアが発信する情報なので信用する人は多い＝メディアという第三者の視点が入ることで信憑性が高い情報になる |
| 発信する情報の基準 | 表現や装飾を自由にでき，主観的に販売促進に役立つ情報にできる | 正しい情報を正確にメディアに伝える客観的事実 |

# 記事にしやすいプレスリリースをどうつくるか

では，どうすればメディアに価値を感じてもらえるような情報提供が

できるでしょうか。

　実例を挙げます。

　とあるお香メーカーが、「昼に焚いたときと夜に焚いたときでは香りが変わる」という、これまでになかった線香を開発しました。広報パーソンはメディアにプレスリリースをし、さらに直接その情報を持ち込んだりしましたが、反応はいまひとつでした。どのメディアも、「たしかに新しい商品だけれど、記事にするまでには至らない」という反応だったのです。

　広報パーソンは悩みました。そんな時、持ち込み先のメディアで「なぜそのような商品を開発したの？」と質問されたのです。広報パーソンは、「コロナ禍の影響でおうち時間が増え、今、線香がブームになっているんです。この2年間で、他社でも3社ほど新しい線香を発売しています」と率直に答えました。すると、意外にもメディアが食いついてきたのです。そして、「線香ブームが到来！」という切り口で、雑誌に特集が組まれました。

　このように、同じ商品の紹介でメディアが対応を変えたのはなぜでしょうか。知っておいてほしいのが、メディアは特定の会社の商品を取り上げたくないと思っていることです。1社のみの情報を取り上げれば、それは報道ではなくただの宣伝です。

　しかし、「線香が流行っている」「複数の会社が新しいコンセプトの線香を発売している」という事実があれば、それは新たなトレンドとして記事を作成する余地があります。

　「ライバル社のメリットになることをしても仕方ない」と思うかもしれませんが、そこはメディアも汲んでくれるはずです。

**メディアの声**
「複数の会社の商品を掲載する場合でも、はじめに情報を提供してくれた会社の商品は、なるべく大きく取り扱ったり、少し目立たせたりするようにしています。」（雑誌編集者）

## 03

# プレスリリース＝広報の仕事，という誤解

## 恋愛と同じで，相手を知らなければ実らない

あなたが広報パーソンで，もし，見境なくプレスリリースを送っているとしたら，一度考え直してみてください。あなたが送っているプレスリリースは，録画したテレビ番組を見ている時に「早送り」で飛ばされるCMや，Webサイトを閲覧中に突然出てくるポップアップ広告のように，「不要だ」と感じられているかもしれません。どれだけ素晴らしい商品やサービスの情報だとしても，その情報に興味がない相手に一方的に送り続けてしまうと，ただの迷惑です。

好きな人にアタックするとき，相手は和食が好きなのに，何度もイタリア料理店へ連れて行ってしまったら，果たしてその恋は実るのでしょうか。これと同じで，男性読者が多い媒体に女性向け化粧品についてのプレスリリースを送ったところで，掲載につながることはありません。

さらに言えば，1つの新聞社の中でも，経済部の記者と生活部の記者とでは，興味関心や情報に対する視点が異なります。生活部に持っていくべき情報を経済部に持って行っても，誰も関心を持ってはくれません。

**メディアの声**
「私が担当している雑誌は高齢の男性読者が中心なのに，若い女性向けの化粧品を持ってこられたことがありました。『あ，うちの雑誌を読んでないんだな』と思いました。」（雑誌編集者）

## 広告を垂れ流している状況になりがちな
## ワイヤーサービス

　ワイヤーサービスとは，企業や団体のプレスリリースをメディアに一斉配信できるサービスです。配信と同時に，ワイヤーサービス会社のWebサイトにも同じ情報を公開してくれます。有名なものに，「PR TIMES」や「@Press」などがあります。

　ワイヤーサービスが誕生するまでは「プレスリリースは大企業の特権」でした。それが，登録すれば誰でも利用できるようになり，広報・PR活動に対する敷居がぐっと低くなりました。

　プレスリリースのフォーマットをダウンロードして，フォーマット通りにタイトルや本文などを書き進めれば，誰でも簡単にプレスリリースを作成可能です。

　このように，広報・PR活動初心者にとっては便利なワイヤーサービスですが，使い方には注意が必要です。意図しないところで，メディアに広告を見境なく配信している状況になりがちだからです。受け取る側が何に関心を持っているのかがわからないまま送られるので，「すべてスルー」されることも珍しくありません。

### メディアの声

「興味がある内容なら，メールのテキストベースで情報をいただいたとしても，こちらから問い合わせます。反対に，プレスリリースで送ってもらってもタイトルを見て『興味がない』と判断すれば……読みません。毎日ものすごい数のプレスリリースが届くので。」（新聞記者）

## プレスリリース以外の方法もある

　情報提供は，必ずしもプレスリリースの形態をとる必要はありません。商品自体に価値があれば，それを使ってもらうだけで十分な情報となります。口頭でも構いませんし，メールに記載する形でも問題ありません。「価値のある情報」であれば，形は関係ないのです。

　効果がわかりやすい消費財であれば，商品そのものを試してもらうことが何より効果的でしょう。

---

**事例**　**商品そのものが効果的なPRになる消費財**

　埼玉県にある化粧品メーカーの広報を依頼されたことがあります。医師や医療機関などの専門家が開発・監修する，いわゆる「ドクターズコスメ」です。

　当時，会社の規模は年商20億円ほどで，あまり知名度は高くありませんでした。ただ，偶然にも，長年アトピーで悩んでいた妻がその商品を使っていて，肌が改善傾向にあったので，その商品を私も知っていました。とはいえ，ドクターズコスメは流行していて，大手化粧品メーカー各社も参入している状況です。また，1つ4千円ほどで他社に比べて高めでした。

　いかにこの商品をPRするか。真っ先に「商品をメディアに配って回ろう」と考えました。ただし，配って回り，口コミを広げるには，時間も労力もかかります。そこで，活動を始める前に，私は社長に対して「1年間だけ，何をしても怒らないで，私たちの行動を見ていてください」というお願いをしました。商品に力があると感じたからこそできたお願いでした。

　普通なら怒られてしまいそうなところですが，化粧品メーカーの社長は辛抱強く待つことを約束してくれました。

　はじめに訪れたのは，出版社のマガジンハウスで働いている女性記者

のもとでした。日々忙しくされていて，「徹夜で肌荒れしちゃって。こんなお顔をお見せして，ごめんなさい」といった会話をよく交わしていたからです。この方に化粧品を紹介したら，興味を持ってもらえるだろうと思ったのですが，予想通りでした。

　その女性記者以外にも，私は商品を持ってさまざまなメディアを回りました。商品のストックを大量に抱え，会社は一時，倉庫のような状態になっていました。毎日5社以上に商品を届けることを半年ほど続けると，メディアから「商品を紹介したい」という声がかかり始めました。1年後には特集企画の話も舞い込み，化粧品メーカーのサイトへのアクセス流入も増えました。

　結果，そのドクターズコスメは広告をほとんど打たずに大ヒットし，3年後には年商50億にまで右肩成長したのです。

## 04

# 広報・PRのお客さまはメディア

## メディアに向けて情報を提供するのが広報の基本

　商品やサービスを個々人に提供する，BtoCのビジネスを行っている会社で広報・PR活動をする場合，「自分たちのお客さまは消費者だ」と思うかもしれません。自社サイトやSNSを通じて新商品やイベントなどの情報を直接消費者へ届けることも多いので，それもあながち間違いではありません。

　ただ，広報・PRのお客さまは，本来的には「メディア」です。BtoBの会社はもちろん，BtoCの企業の広報・PRもメディアに向けて情報を提供するのが基本です。

## 広報・PRは「知の戦い」

　とある化粧品会社の社長が，「広報パーソンは，『知の戦い』をしているんだね」と言っていました。たしかに，その通りだと思います。常日頃から「これなら記者が喜びそうだ」という情報を集め，入念に下準備をし，アプローチをすることが重要です。

　詳しい方法は第5章で後述しますが，例えば，読売新聞に掲載してもらいたいのなら，まずは毎日購読して研究します。そして，掲載を獲得できそうなコーナーに目星をつけます。さらに，提供先の記者のパーソナリティーや記者と自社との関係性を踏まえて，プレスリリースなのか，メールなのか，埼玉の化粧品の例のように商品そのものなのか，情報提

供の形式を選択する必要があります。

　ちなみに，記者や編集者にメールでプレスリリースや資料を送る際には，件名に配慮が必要です。「読みたい」と思ってもらえるような件名でなければ，価値のある内容でも見てもらえません。「プレスリリースに関するご相談」とか「ご挨拶」などのありふれたフレーズではなく，記者や編集者に引っ掛かるキャッチーな見出しを付けることがマストです。場合によっては，考え抜いたプレスリリースのタイトルを引用するのもよいかもしれません。

**メディアの声**

「1日あたり200〜300件ほどのメールを受信しています。毎日すべてのメールを確認するだけで途方もない時間がかかるので，タイトルと差出人をざっと見て，知り合いからのメールなのか，そうでないのか。知り合いでなければ，おもしろそうな情報なのか，読むかどうかを選別しています。」（ビジネスメディア編集長）

**＜メールを送る際の注意点＞**

# メディアと広報・PRは仕事仲間

　私のところに相談に来る広報パーソンの中には,「メディアが怖い」「記者の人に嫌われるのが怖い」という方もいます。たしかに,広報・PRのお客さまはメディアではありますが,だからといって怖がる必要はありません。メディアとは対等です。我々は,メディアがつくる記事の「ネタ元」です。

　メディアにアプローチするのが「怖い」「ドキドキする」と感じてしまうのは,「掲載してもらおう」と意気込んでいるかもしれません。「記者がほしい情報を提供する」「この情報を提供すれば,きっと記者は喜んでくれる」というスタンスで挑みましょう。「メディアはネタを欲していて,広報はその情報を提供する」,お互いに自分の仕事をしているだけなのです。

> **メディアの声**
> 「プレスリリースなどで『貴社様におかれましては〜』や『大変ご多忙と存じますが,記者会見にご臨席賜りますよう〜』など,妙にへりくだって書かれているものに違和感があります。」(雑誌編集者)

# 広報・PRは「知の戦い」。
# 身の丈に合った戦略を考える

## まずは業界紙・誌からが基本

前述の通り，広報・PR活動は，メディアに出るために戦略を練る「知の戦い」です。この業界には，「身の丈に合った戦略」という言葉があります。これは，現在の自社の立ち位置を認識し，5年後，10年後と会社の成長に伴ったメディア戦略を考えるべきだということを意味します。

これまでにメディアに取り上げられたことがない会社は，まずは業界紙・誌からの取材獲得を目指しましょう。中には「業界紙・誌にはたくさん出たから，もういい」などと言う企業もありますが，その考えは適切ではありません。

メディアは必ず業界紙・誌をチェックしています。業界紙・誌に掲載されたら，日経新聞や全国紙の業界担当の記者の目にとまる可能性が高くなります。業界紙・誌に出れば出るほど，「業界に強い会社」というブランディングになり，全国紙からのオファーを受けられる可能性も高まります。業界紙・誌の「常連」になってはじめて，全国規模のメディアへのパスポートが得られます。

「どうして日経新聞に出られないんだ」「広報・PR担当者の努力が足りないのでは」と言う企業トップもいるかもしれませんが，物事には順序があるのです（まれに起業から数年しか経たない会社がそのようなメディアに取り上げられることはありますが……）。

大企業のトヨタ自動車でさえ，最初からメディアに取り上げられたかというと，もちろんそうではないでしょう。会社が成長し，規模が大き

くなり，社会に影響力がある企業になってはじめて，日経新聞の本紙に掲載されたり，テレビ東京の「WBS」に出演できたりするのです。

**メディアの声**

「業界紙，必ず読んでいます。ここから特ダネになりそうなネタを探すこともありますし，掲載されている会社の社長に会いに行くこともあります。」（新聞記者）

---

**戦略 1　ベンチャー企業は「起業ストーリー」を売り込め！**

　朝日新聞の『魂の中小企業』や日刊ゲンダイの『語り部の経営者たち』といったコーナーをご存じですか？　経営者の人生を記した人気コーナーです。これらには担当する記者がいて，いつも血眼で「次の人」を探しています。

　ベンチャー・スタートアップ企業の広報・PRはよく「私の会社は小さいし，メディアに提供できるような面白い情報はありません」と言いますが，そういう会社こそ，「起業ストーリー」を売り込むのがおすすめです。

　すべての会社は，社会の何らかの課題を解消するために立ち上がったはずです。小さな会社は，大企業や既存の商品・サービスでは解決できない問題をクリアするために誕生していて，そこには必ずオリジナリティーが存在するのです。

　さらに，起業から現在に至るまで，常に順風満帆ということはないでしょう。壁にぶつかったり，大きな失敗があったり，信じていた人に裏切られたり……。このような壁を乗り越えていくストーリーは，人々の共感を呼ぶに違いありません。

## 戦略2　小さい会社はスピード感を活かせ！

　「私の会社は小さいし，大きなメディアに取り上げられるはずがない」と言う広報パーソンがいらっしゃいました。たしかに，小さな会社と大きな会社から同時に情報が寄せられたとすれば，メディアは読者の関心度が高い大企業を優先するかもしれません。

　ただ，小さな会社には，大きな会社にはない「スピード感」があります。

　大企業がメディアに情報提供を行う場合，まずは各部門から情報を集め，集めた情報をもとにプレスリリースを作成し，できたプレスリリースを審議に通します。許可が出てようやくメディアへ発信ができるため，情報提供へ行き着くまでにかなり時間を要します。

　一方で，小さな会社は決定権のある社長との距離が近かったり，確認も2〜3人程度で済んだりします。メディアに情報を発信するスピード感は，大手にはないものです。メディアは情報を早く出したがります。このスピード感を活かさない手はありません。

## 戦略3　巨人の肩をうまく利用

　情報発信を小さい会社単独で行う必要はありません。時には「巨人の肩」を利用するのも1つです。例えば，権威のある機関や自治体などとコラボして商品を開発したりします。

　例を挙げると，新しい商品を発表しても，年商1千万円程度の「ミカミ商店」単独での情報発信では，その他の情報に埋もれてしまう可能性があります。では，「東京大学×ミカミ商店」ではどうでしょうか。さらに，「愛知県×ミカミ商店」なら，中日新聞など地元のメディアからの取材依頼があるかもしれません。その他にも，「上場企業×ミカミ商店」といった，大企業や有名企業とのコラボも効果的です。

## 戦略4 社会への貢献度をアピールする

　もし広報・PRを行うサービス・商品が社会的に意義のあるビジネスであれば，シンプル・イズ・ベストです。提供するサービス・商品そのものを売ろうとするよりも，以下の順番で「会社が世の中の課題をどのように解決し，インパクトを与えているか」という点を訴えれば十分です。

- 世の中にはどういう課題があるのか
- そのサービス・商品はどのようにして課題を解決できるのか
- 結果，人々にどのような幸せをもたらすのか

　例として，クラウドケアを見てみましょう。

　この会社は，介護保険外のサービスをインターネットで依頼できるサービスをしています。例えば，1人で歩けない高齢者が，自宅から新型コロナウイルスのワクチンを接種会場に受けに行くには，サポートが必要です。しかし，会場までの車の手配や会場内での接種から待機終了までのサポートは，介護保険の対象外です。このほかにも，世の中には介護保険では網羅できないケアがたくさんあります。そのようなときに利用できるのが，この会社のサービスです。

　上記の流れに沿うと，以下のようになります。

- 介護保険では網羅できないケアがたくさんある
- クラウドケアが補完
- 高齢者自身だけでなく，周囲の介護をする家族なども助かる

　加えて，事例を紹介すれば，さらなる共感が得られます。
　「千葉県在住の50代の女性がいました。その方は，脳出血による麻痺で半年間のリハビリを経て，何とか杖があれば歩けるまでに回復されましたが，1人では長時間の歩行が困難な状態でした。東京で開催されるデー

モン閣下のコンサートへどうしても行きたいと考えていましたが，近く
に頼ることができる人はいません。自宅のある千葉から会場のある東京
までコンサートのために移動するのは，もちろん介護保険対象外です。

　そこで，クラウドケアを利用しました。行きの電車，会場までの介添
え，帰りの電車と，丸1日分のサポートを依頼し，女性は無事にコン
サートを楽しむことができたのです。」

## 戦略5　IPO局面では企業出版が有効！

　経営者は事業を立ち上げる際，なぜ会社を起こすのか，世の中にどう
役に立ちたいのかなどのビジョンを考えていたはずです。そして，その
ビジョンに基づいた広報・PR活動を行うことができれば，会社の理念
との親和性が生まれ，理想的な状態になります。

　会社の中期・長期の経営計画に基づいて広報・PR活動ができれば上
級者です。

　例えば，もし，会社が将来IPO（新規上場）を目指すのなら，そこへ
向けた広報・PR戦略が必要です。2〜3年前から，経営者のメディア
露出を増やします。そして，適切なタイミングでメディアを集めて説明
会を行ったり，懇親会を開いたりします。「ランチョン」という，昼食
をとりながらトップと懇談する手法も有効です。

　おすすめしたいのが，IPOの1〜2年前に「企業出版」をすることで
す。企業がブランディングや認知拡大のためにお金を出して出版すれば，
商業出版と同様に，書店に本が並びます。本は信頼性が高いメディアな
ので，消費者の認知が高まるのはもちろん，取引銀行や投資会社など金
融機関からの評価も上昇します。資金の調達もしやすくなるでしょう。
従業員が自社を誇りに思うきっかけにもなります。

　本にすることのメリットは，1冊にたくさんの情報を盛り込むことが
できることです。デメリットは，大量のコンテンツを要することと，出
版までに時間がかかることです。計画的な準備が不可欠となります。

## 06

# 広報・PRの効果＝記事の大きさ，ではない

## 「トップ記事」しか認めないという社長

　トップ記事とは，新聞の一面に最も大きく掲載される記事のことです。新聞社が「ニュース性がある」と判断した情報が，トップ記事として扱われます。スペースも大きく目立つため，反響も影響力もあります。

　対してベタ記事とは，紙面下部に並べられた小さな記事のことです。朝日新聞，読売新聞，毎日新聞，産経新聞のような全国紙など，たくさんの情報が掲載されている新聞の場合，ベタ記事は2～3行ほどになってしまうこともあります。

　著者が新人の広報だった頃，とある大手企業の社長が，「私はトップ記事のような，スペースの大きな記事しか掲載を認めない」というお話しをされていました。若かった著者は，「正論だな」と納得してしまいました。昔の価値観だと思います。しかしその時，そばにいた上司がものすごい剣幕で次のように発言したのです。

　「情報には，スペースも面も関係ありません」
　「この価値がわからないと，今後，広報活動を続けていても意味がありません」

## たった2～3行の記事でも，記者は多くの原稿を書く

　あまり知られていませんが，新聞記者は原稿を多めに書きます。そし

て，紙面のスペースに限りがあるため，そのほかに入ってきたニュースなどの兼ね合いで，削られてしまうことが多々あります。紙面として露出した時には小さな記事になってしまっていても，記者はその2〜3倍の原稿を書いてくれているはずです。

　新聞には「原稿を削るのは後ろから」という決まりがあります。他のニュースによって原稿がカットされても，その原稿で一番伝えたいことがきちんと届くよう，大切な要素は原稿の最初に持ってきています。つまり，2〜3行の記事だったとしても，記者は何倍もの記事を書き，「原稿の中でも一番重要な箇所」として選び抜いたトピックを書いてくれているのです。

## 報道として掲載された情報の価値は平等

　記事にならなかった部分があったとしても，記事を書くために考え抜いた記者の頭の中には，たくさんの情報がインプットされたはずです。それが，次回の取材へつながるかもしれません。

　さらに，2〜3行の記事でも立派な報道です。倍以上の広告スペースを買ったとしても，読者は2〜3行の記事のほうが信憑性を感じるでしょう。

　スペースの大きさや掲載される場所にとらわれていると，「売れたらいい」「反響が大きければ大きいほどいい」という価値観になります。「〇〇新聞に出たのに商品が全然売れない」ということは間々あります。そうなると，「広報には意味がない」と部門を廃止する会社もあるでしょう。しかし，一度培ったものをゼロにしてしまうほど，もったいないことはありません。部門をなくしてしまえば，それまでのメディアとの人脈はもちろん，積み重ねてきた会社のブランドイメージも失いかねません。

　企業ブランドを高め，会社の価値を大きくしていくという広報・PR

の目的を，もう一度思い出していただければと思います。

## 広告換算は望ましくない

　記事の大きさで成果を測れないのであれば，広報活動の成果は何で判断すればいいのでしょうか。仕事として広報活動をする以上，何らかの指標が必要です。

　多くの会社で取り入れられているのが，「広告換算」という手法です。新聞・雑誌・Webメディアに掲載されたり，テレビで報道されたりしたときに，同じ枠を広告として購入した場合の広告費に換算します。「広告換算にすると1億円の効果」というように，メディアに取り上げられた影響を具体的な金額に換算して計測します。

　数値化されてわかりやすいですが，広報はスペースを買うのが仕事ではありませんし，売上の向上や認知度アップだけを目指すものでもありません。広告と広報が違う以上，広報効果を広告費に換算するのは理論上，破綻しているとも言えます。

## メディアサーベイ

　私のおすすめは，「メディアサーベイ」です。サーベイとは調査，測量，測定を意味し，企業のイメージや認知度など，広報活動の成果について調査するものです。本来は広告・マーケティングの手法ですが，広報分野でも活用できます。

　メディアに対し，自社の広報が適切な情報を提供しているかなどをヒアリングして満足度を調査します。満足度が高ければ，適切な広報活動ができているということです。課題が見つかれば，改善策を検討し，今後に活かします。

# メディアサーベイの項目

　メディアサーベイの項目は以下のようなものです。

　すべてを調べる必要はありません。適したものをピックアップして，記者との歓談・情報交換時にさりげなくヒアリングします。

<調査項目>

| | |
|---|---|
| 企業・経営分野 | • 企業のイメージは<br>• 経営トップや役員陣を知っているか<br>• 経営トップや役員陣に関心があるか<br>• 経営トップはどのようなイメージか<br>• 経営トップの情報は十分に届いているか<br>• 経営トップの取材頻度は十分か<br>• 経営トップに期待することは<br>• 経営方針やビジョンが明確に伝わっているか<br>• 経営トップについて知りたいことは<br>• 企業の社会的役割・CSR活動は十分か |
| 広報分野 | • 知りたい情報が十分届いているか<br>• 情報発信頻度は十分か<br>• 企業情報は正確・迅速に開示され，広報を信頼しているか<br>• 日々の取材対応は迅速でフォローが行き届いているか<br>• 日々の広報とのコミュニケーション活動に満足しているか<br>• 日々のプレスリリースやニュースレターなど，広報ツールに満足しているか。していない場合はその理由<br>• 関連する他の企業の広報活動と比べ，満足しているか<br>• 広報活動全体に満足しているか<br>• 広報が足りていない点は<br>• 広報に期待する点は |

## メディアサーベイの実施方法

　アンケート用紙のようにして送ってしまうと，メディアから驚かれてしまうかもしれませんので，口頭で構いません。「我が社についてどんなイメージをお持ちですか」「適切な情報を提供できていますか」といった内容を，記者が取材で訪ねて来た時などに聞いてみましょう。日頃コミュニケーションのある記者の中から数名を対象に，年に1回，もしくは上・下期の2回程度実施し，レポート化します。この結果により，現在の企業イメージや広報・PR活動の課題を見出すことができるでしょう。

**＜メディアサーベイ＞**

第 2 章

# メディアが広報・PRに求める
# ものを知る

**インタビュー①**

# 日本経済新聞が
# 広報・PRに
# 求めるものとは？

元日本経済新聞社 記者／ジャーナリスト

**松林 薫**（まつばやし・かおる）

PROFILE

元日本経済新聞社 記者ジャーナリスト。

1973年，広島市生まれ。修道高校卒，京都大学経済学部，同大学院経済学研究科修了。1999年，日本経済新聞社入社。経済解説部，経済部，大阪経済部，経済金融部で経済学，金融・証券，社会保障，エネルギー，財界などを担当。2014年10月退社し，同年11月に株式会社報道イノベーション研究所を設立。2016〜2018年度，関西大学総合情報学部特任教授。2019年〜2021年度，社会情報大学院大学客員教授。2022年度〜大和大学社会学部教授。

日本経済新聞社　https://www.nikkei.com/

**質問1：個人・編集部・番組としてどんな情報を求めていますか。**

　記者は「ニュース」を書くのが仕事です。つまり，「みんながまだ知らないこと」「今起きたばかりのこと」「世間で今まさに話題になっていること」を書けば，読者からも同僚からも評価を得ることができるのです。そういったニュースを他人より少しでも早く得るために，記者は日々の取材活動をしています。

　では，どんな所からネタを拾ってくるのでしょうか。もちろん，他の

メディアが報じたニュースを取材することもありますが，企業の広報・PRや幹部，監督官庁の官僚らとの雑談も重要な情報源です。「こんな噂を小耳に挟んだんだけど……」といった情報提供が，ニュース発掘の糸口になることはよくあります。

裏返せば，広報・PRもこうした話し相手になれれば，メディアがどんなネタを追っているかなどの情報がリアルタイムで入ってくるようになるでしょう。

記者はライバルでもある他メディアの報道にも目を配ります。全国紙や経済週刊誌に目を通すのはもちろんですが，意外に注目しているのが業界紙・誌。テレビや全国紙が取り上げる前に載るニュースが多く，ライバル紙の記者を出し抜けるからです。もし自分たちの業界に，記者も読んでいないようなニッチな業界紙があるなら，面白そうな記事をピックアップして記者に渡すと喜ばれるでしょう。

## 質問2：社内での企画の通り方について教えてください。

記者は事前取材をしたうえで連載や特集の企画を立て，所属する部の編集会議に持ち込みます。ここでデスクや同僚らと議論し，掲載予定が決まれば本取材に取り掛かります。つまり，この編集会議（デスク・キャップ会などと呼ばれる）が第一関門となります。

最も重要な評価ポイントは，もちろん「面白いかどうか」。テーマ自体が旬のネタだったり切り口に意外性があったりすれば，企画は通りやすいです。ここは事前取材と記者自身の発想力が問われます。同時に重視されるのは「材料」です。当事者のインタビューが取れるのか，裏づけとなるデータはあるのか，といった点は厳しく問われます。広報・PRが記者をサポートできるのはこの点になります。記者から事前取材を受けて，どんなテーマの記事を書こうとしているかわかったら，業界団体の統計や社内アンケートの結果など数字で示せる情報を提供すると

よいでしょう。また，自社の社長などがインタビューに応じることができるなら，すぐ日程を調整すべきです。連載や特集では，たくさんの取材先から話を聞いても記事に盛り込めるのは良くて半分ほど。記者が「コメントを使いたい」と思う人物を引っ張り出せるかどうかは，広報・PRの腕と働きにかかっています。うまくいけば，社内だけでなく記者の信頼も得ることができるでしょう。

## 質問3：読者層，読者が持つ関心分野や事象について教えてください。

日経の主要読者はビジネスパーソンと個人投資家，それに就活生です。他紙との併読が多いことや，平均年収が高めであることも特徴です。経済紙なので経済ニュースに関心がある層が読んでいるのは当然ですが，中でも「読者の損得に関わるニュース」への反響は大きいです。例えば，「商品が値上がり・値下がりした」「政策変更で誰かが割りを食う」「このサービスを使うとコストが下がる」といった記事は問い合わせが多い傾向があります。実利的な目的で読む人が多いということでしょう。それは記者やデスクもわかっているので，週末や夕刊の特集では「節約法」や「投資法」などを取り上げることが多いです。そうした記事で取り上げてもらえそうな商品・サービスは，自社の担当記者だけでなく週末紙面の担当記者にも売り込むといいでしょう。

## 質問4：自社の媒体の特徴を聞かせてください。

日経は社内で「本紙」と呼ばれる日本経済新聞を中心に，製造業などを扱う「日経産業新聞」，サービス業などを扱う「日経MJ」，金融・証券業を扱う「日経ヴェリタス（個人投資家向け）」を展開してきました。日経産業新聞については，2024年3月末で休刊となりますが，おそらく機能は電子版に引き継がれるのでしょう。

　注意したいのは，日経MJなどの専門媒体は専属の記者を抱えている
わけではないということです。デスクはローテーションですし，記者は
本紙と同じ。実際，日経記者の名刺を見れば，専門媒体の記者を兼ねて
いることがわかります。つまり，専門媒体向けの売り込みも，本紙の記
者にすることになります。逆に本紙に書いてもらいたくて売り込んだの
に，記者から「日経MJに書きます」などと言われることもあるはずです。
これは，ネタが一般読者向けではないと判断されたことを意味します。
本紙に比べ発行部数が少ないのでガッカリするかもしれませんが，電子
版に流れれば本紙の記事と見分けはつきません。特に，日経MJはテレ
ビ記者が流行を紹介するコーナーのネタとして注目しているので，意外
に広報・PR効果は高いのです。

　メディア露出の実績がないベンチャー企業や中小企業の広報・PRな
ら，むしろ「専門媒体や電子版だけでいいので」と売り込むのも手です。
記者は心理的なハードルが下がって引き受けやすくなりますし，掲載さ
れれば，日経テレコン21などの記事データベースに収録されます。「日
経記者が取材して記事にしたことがある」ということで信用が得られる
ので，他媒体の記者も取り上げやすくなるのです。


## 質問5：広報パーソンへのアドバイスやメッセージをお願いします。

　駆け出しの企業広報・PRであれば，最初の売り込みは日経を選ぶと
よいでしょう。おそらく他紙の記者に比べ話しやすいはずです。

　一般紙の記者は入社すると，まず地方に配属されて警察を担当します。
部署で言えば社会部にあたります。実は，社会部には伝統的に企業にネ
ガティブな印象を持っている人が多いのです。これには，社会部の記者
が企業を取材するのは不祥事や社会問題を起こしている時がほとんどだ
からという理由があります。最近は減りましたが，古い記者には「大企
業は権力の手先」と決めてかかっている人も多かったのです。そういう

先輩から教育を受けるので，企業に偏見を持っている可能性が高いのです。

　その点，日経は新人記者もほとんどが企業担当からキャリアをスタートします。企業に対してネガティブなイメージは持っていませんし，感覚もビジネスパーソンに近いです。

　そうはいっても，いきなりネタを売り込みに行くのは抵抗があるかもしれません。その場合は，まず新商品などのプレスリリースをつくって記者クラブに投げ込みに行ってみてください。その場にいる記者と名刺交換し，時間がありそうなら雑談をする。何度か通えば手が空いている時間帯がわかりますし，雑談すれば相手の関心も見えてきます。ネタを売り込むのはそれからでも遅くありません。この辺は一般の営業活動にも通じる部分があります。

　最後に，SNSやオウンドメディアの利用が広がり，マスコミを介さず直接情報発信する企業が増えました。そんな時代でも，大きな災害や事件が起きれば，人は新聞やテレビを見ます。情報の裏を取り，わかりやすく伝えてくれるという信頼感があるからでしょう。緊急事態でもそうした報道ができるのは，実は日頃から企業や役所の広報・PRが記者と信頼関係を築いているからです。広報・PRは記者と利害が衝突することもあります。しかし，間違いなく報道の一翼を担っているのです。この関係は，広報と記者の日々の何気ないやり取りの積み重ねから生まれます。そうした使命感も心のどこかに持ちながら，記者と付き合っていただければ幸いです。

**インタビュー②**

### デジタルメディア
# 「日経ビジネス電子版」が広報・PRに求めるものとは？

日経ビジネス電子版 編集長
**原 隆**（はら・たかし）

PROFILE

日経ビジネス電子版編集長。

宮崎県生まれ。早稲田大学政治経済学部卒業後，2000年に日経BPに入社。日経パソコン，日経コミュニケーション，日経ネットマーケティング，日経ビジネス，日経コンピュータを経て，2016年に日経FinTechを創刊して編集長に就任。一貫して流通，小売，物流，金融の領域をITの観点から取材。2022年4月から現職。

日経ビジネス電子版　https://business.nikkei.com/


**質問１：個人・編集部・番組としてどんな情報を求めていますか。**

　編集部として求めているのは，経営層にとって価値のある情報です。異なる業界の企業の動きでも，そこには必ず普遍性が存在しています。こうした普遍性を取材によって見つけだし，読者に届けることで日々の経営において「考えうる選択肢」を提供できると考えています。個々の事象そのものではなく，その先にあるものを届けたい。大企業の情報のみならず，中小企業，そしてスタートアップにまで取材網を広げている

のは，こうした理由からです。


## 質問2：社内での企画の通り方について教えてください。

　編集部には業界ごとのグループ，そして重点領域に特化したグループがあります。こうしたグループで議論した企画が編集部全体の企画会議に諮られ，掲載に至ります。企画が通ってから取材が始まるケースはまれで，日々の取材活動を通じて出てきたアイデアが企画として昇華していくのが一般的です。そのため，取材した内容が必ず掲載されるわけではありません。

　ただし，取材した内容は編集部のさまざまな会議で議論されます。新鮮な食材を新鮮なまま出したほうがよいとなれば，すぐに出そうという動きになりますし，逆に他の集まってきた食材と合わせたほうがより美味しい料理になると判断されることもあります。あえて寝かせて一番よいタイミングを見計らうこともあります。そのため，取材から掲載までの期間は決して一律ではありません。


## 質問3：読者層，読者が持つ関心分野や事象について教えてください。

　役職者が読者全体の8割を占めているため，経営の判断や実務に役立つ情報が求められています。ここ最近の読者調査で顕著なのは，「DX」「働き方」「エネルギー」「経済安保」などに関連する記事のニーズの高さです。直面する経営課題に直結する情報が求められているといえます。


## 質問4：自社の媒体の特徴を聞かせてください。

　日経ビジネスの特徴は，経営課題の解決，リーダー育成のためのコンテンツやサービスを取りそろえていることです。雑誌・電子版を合わせ

て32年連続で読者数No.1の週刊ビジネス誌であり，特に第一線で活躍する経営者層に広く支持されています（※）。時代のトレンドを鋭く捉えた「特集」を軸に，業界の先行き・企業動向を独自の視点で深掘りしているコンテンツが，毎週，雑誌として読者の手元に届きます。これに加えて，電子版では音声コンテンツ「日経ビジネスAUDIO」や，日経ビジネスがおすすめする書籍が読み放題になる「日経ビジネスBOOKS」など，デジタルならではのオリジナルコンテンツを豊富に用意しています。また，日本のみならず世界中の経営者や有識者が登壇するウェビナー「日経ビジネスLIVE」も開催するなど，読者のニーズに対し，あらゆる選択肢をご用意しています。

※日本ABC協会2022年度認証部数（ビジネス分野）


## 質問５：広報パーソンへのアドバイスやメッセージをお願いします。

　編集部にとってすべての価値判断基準は，「自分たちの読者にとって価値があるかどうか」のひと言に尽きます。世の中ではとても注目されている話題でも，読者にとって価値がないものは掲載しませんし，その逆もしかりです。メディアが異なれば，その先にいる読者や視聴者は当然異なります。そのためにも，我々ではなく，我々の読者を見てさまざまな情報を提供していただけると大変助かります。

　PR（パブリック・リレーションズ）は企業にとって極めて重要な職種です。一昔前と比べて，企業にとってのステークホルダーは多岐にわたっています。パブリックを意識しない企業の末路は，昨今の報道が示している通りです。PRは経営と直結した要職であり，その価値を理解しない企業の未来は暗いでしょう。逆に，PRもまた経営を理解しなければ務まらない仕事です。海外と同様，日本においてもPRの重要性が正しく認識されるよう，心から望んでいます。

シニア世代の情報紙

# 「定年時代」が広報・PRに求めるものとは？

㈱新聞編集センター 代表取締役／「定年時代」編集部 部長

## 松林 浩司 （まつばやし・こうじ）

PROFILE

㈱新聞編集センター代表取締役，「定年時代」編集部部長。

共同通信記者を経て，現在に至る。

情報紙「定年時代」（ていねんじだい）は，アクティブなシニア世代の情報紙。

ASA（朝日新聞販売所）からお届けしています。

定年時代　http://www.teinenjidai.com/


## 質問１：個人・編集部・番組としてどんな情報を求めていますか。

　弊紙はシニア向けフリーペーパーですので，健康や介護，シニアに有用なサービス・金融情報など，シニア市場全般に関心があります。そのほか，シニアにおすすめの旅行（バリアフリー，行きやすさ等）など，アクティブシニア向けのレジャー情報も取材・掲載対象です。


## 質問２：社内での企画の通り方について教えてください。

　弊社の場合，読者のニーズに合い，編集責任者が「面白そう」と感じ

れば（言い換えると，取材の必要性を責任者に納得させることができれば），すぐに企画は通ります。ただし，紙面の空き状況と記事の分量，取材・執筆にかけられる時間と人員の折り合いがつくことが前提条件です。

## 質問3：読者層，読者が持つ関心分野や事象について教えてください。

読者は60代以上のシニア層です。その中でも，編集部にダイレクトに反響がある60代後半から70代，80代くらいがコア層だと考えています。読者の関心は，老人ホームや健康関連，旅行，文化など。特にこの数年，コロナ禍で外出を我慢してきたせいか，このところ街歩きなどアクティブな情報への要望が強いようです。読んで元気になる人物記事も需要があります。また，戦争体験の投稿など，シニア層が共感し，使命感を喚起するような内容は，かなり反応があります。

## 質問4：自社の媒体の特徴を聞かせてください。

朝日新聞朝刊に折り込んでいるシニア向けフリーペーパーです。東京，埼玉，千葉，茨城，横浜・川崎の各版を月1～2回発行しています。折込紙という性質上，家庭のお茶の間まで確実に届くことがメリットのひとつです。また，弊紙東京版は昨年創刊25年を迎え，シニアからの高い認知度が媒体特性といえます。

## 質問5：広報パーソンへのアドバイスやメッセージをお願いします。

基本的なことで恐縮ですが，広報したい内容を誤解の余地がないように，わかりやすく正確に伝えることだと思います。特に，セールスポイントは何なのか，それは他のサービス・商品と比べてどの点が"売り"

なのか，といったことを媒体の担当者がすぐに理解できるように文言を工夫していただくとありがたいです。また，リリースを制作する際は，当たり前ですが，誤字・脱字などがないように細心の注意を払ってください。間違いのあるリリースが意外と多く，編集者としてはリリースに不備がある時点で内容が信用できなくなってしまいます。

インタビュー④

### ビジネス誌
# 「週刊ダイヤモンド」が 広報・PRに 求めるものとは？

週刊ダイヤモンド 前編集長
## 山口　圭介 (やまぐち・けいすけ)

PROFILE

ダイヤモンド社ビジネスメディア局長。前ダイヤモンド・オンライン／週刊ダイヤモンド編集長。

早稲田大学卒業後，2004年に産経新聞社入社。2008年にダイヤモンド社に転職，週刊ダイヤモンドの記者となり銀行，商社を担当。2012年より金融・政治担当の副編集長，2018年からダイヤモンド・オンラインとの兼任副編集長，2019年よりダイヤモンド編集部の編集長として編集のDXを推進。2023年7月より現職。

週刊ダイヤモンド　https://dw.diamond.ne.jp/
ダイヤモンドオンライン　https://diamond.jp/

## 質問1：個人・編集部・番組としてどんな情報を求めていますか。

　ダイヤモンド・オンラインと週刊ダイヤモンドを運営するダイヤモンド編集部では原則，プレスリリースをそのまま記事にすることを禁じています。リリースに基づいた記事では，他社と横並びになってしまい独自性がないからです。

私たちは常に「ここでしか読めない記事」にこだわって取材，編集にあたっており，まだ世に出ていない情報，テーマ，視点があれば積極的に取り上げるので，情報提供していただけると幸いです。

## 質問2：社内での企画の通り方について教えてください。

ダイヤモンド編集部の企画提案はボトムアップ型です。編集部には，インダストリーチーム，ファイナンスチーム，インフラチームなど8つのチームがあり，毎週1回，各チームのリーダーである副編集長が会議を開催して，そこで記者・編集者が企画を提案します。その会議を通った企画が，編集長，副編集長，編集委員らが集まる会議にかけられ，正式なゴーサインが出る流れです。特集企画の場合，2カ月かけて取材してネタを掘り下げていきます。

## 質問3：読者層，読者が持つ関心分野や事象について教えてください。

ビジネスパーソンが主な読者層であり，中でも次世代リーダー層に支持されています。彼ら彼女らは，東海岸的な世界観（レガシー，重工長大，ビジネス，クローズド）と西海岸的な世界観（テクノロジー，スタートアップ，クリエイティブ，コミュニティ）の結節点に興味を持っており，東西の結節点における変化や融合，衝突に高い関心を持っています。

## 質問4：自社の媒体の特徴を聞かせてください。

創刊以来，「算盤主義」を掲げてきました。今でいうところの「データジャーナリズム」であり，数字，ファクトに基づいて報じることを徹底しています。

また，忖度なし，遠慮なし，本音で業界の最深部の異変に迫ることが

編集部の大きな特徴で，確たる事実に基づき，読者のためになると判断したことは，取材先から出入り禁止になっても，裁判になったとしても，どんなハレーションがあっても報じる姿勢を貫いています。

## 質問５：広報パーソンへのアドバイスやメッセージをお願いします。

　広報・ＰＲの方の中には自社ＰＲばかりをする方がまれにいますが，どんなにプレゼンが上手くても記事化はされにくいでしょう。向き合っている記者がどんな情報を求めているのか，そして記者が属しているメディアはどんな読者層なのか。記者の後ろにいる読者の目線まで考えて記者と向き合えると，記者の反応も違ってくるはずです。企業側，広報・ＰＲ側の発想，つまり「プロダクトアウト」の視点だけではなく，記者側，読者側の発想，つまり「マーケットイン」の視点が重要です。

# フジテレビが広報・PRに求めるものとは？

フジテレビジョンニュース総局報道局報道センター部長職プロデューサー

**清水　俊宏**（しみず・としひろ）

PROFILE

株式会社フジテレビジョン　ニュース総局報道局報道センター部長職プロデューサー兼ビジネス推進局コンテンツビジネスセンター　プラットフォーム事業部。

2002年フジテレビ入社。記者，ディレクター，報道番組プロデューサーなどを経て，テレビニュースのデジタル化や新規事業開発の担当に。「FNNプライムオンライン」「フジテレビュー!!」などオンラインメディアを創設したほか，経済系YouTube番組『＃シゴトズキ』をMC兼プロデューサーとして立ち上げ，大企業幹部やスタートアップCEO，タレントなど多彩なゲストから「仕事に役立つ思考法」を聞き出している。広報・PRに関するセミナー登壇も多数。2023年7月より平日夜のニュース番組『FNN LIVE NEWS α』のチーフプロデューサーに就任。

フジテレビ　https://www.fujitv.co.jp/index.html

## 質問1：個人・編集部・番組としてどんな情報を求めていますか。

　「掛け算すると面白い情報」への感度は高く，と常に心がけています。地上波やネットなどさまざまな番組やメディアを担当しているため，ニュース，エンタメ，テクノロジーなどあらゆる分野の新しい情報を求

めています。そうは言っても，超大量に情報が溢れる社会の中で，すべての情報を受け取って処理することはもちろん不可能です。

「すべて」は無理だとしても「幅広く」。そこで自らの情報取得のフィルターをかける時に心がけているのが，トレンドとタイミングとの掛け算です。例えば，「宇宙」「AI」といった情報は日常生活から遠く感じられるため，番組担当者からは敬遠されがちです。しかし，現在のトレンドとしては絶対に抑えておいたほうがよい。それが，「夏休みの」「受験勉強の」「母の日の」といったニュースにしたいタイミングにぴったりはまる内容であれば，新しい情報発信の形が模索できる可能性があります。

広報・PR担当の皆さんが「まずはメディアを知ることから」と考えているように，我々メディアは「まずは視聴者やユーザーを知ることから」始めています。ユーザーの欲しがっている情報を考えたうえで，さらに新たな発見につながるような「独自の視点」を付加したいと考えています。

「視聴者が（潜在的にも）知りたい情報」×「新しい独自の視点」がどこかにないかなと，いつもアンテナを張っています。


## 質問2：社内での企画の通り方について教えてください。

番組によってまちまちではありますが，「情報取得→企画会議で検討→プロデューサーが最終判断」という形が多いです。

ただ，私がMC兼プロデューサーを務めるYouTube番組『＃シゴトズキ』に関して言うと，ゲストや内容の多様性を担保するために，プロデューサーである私は責任だけを負うことにして，最終決定権は編集メンバーに任せています。責任はあるので拒否権や修正提案権はありますが，私が提案した企画が通らないことも多々あります。

## 質問3：読者層，読者が持つ関心分野や事象について教えてください。

　YouTube番組『#シゴトズキ』のユーザー層は20-40代のビジネスパーソンが多いのですが，新しい働き方やZ世代の動向に興味を持っている方が多いようです。

　また，新しく私が担当を始めた『FNN LIVE NEWS α』も同じ視聴者層ですが，「働く人のプラスαにつながる」をコンセプトにしていることもあり，マーケティングなどスキルアップにつながる情報は関心が高いようです。

## 質問4：自社の媒体の特徴を聞かせてください。

　『#シゴトズキ』は，1本15分ほどの動画を見るだけで，仕事に役立つ「思考法」と「ビジネススキル」の両方が身に付く，フジテレビ公式のYouTube番組です。毎回ゲストとして，大企業の社長やマーケター，スタートアップのCEO，投資家，インフルエンサー，アーティストなど，多様なジャンルの方が登場します。いくつもの苦境を乗り越えてサービスを成長させた業界の第一人者ばかりのため，広報・PRの方であれば，きっと自社でも活かせる新たな視点や気づきがたくさんあると思います。

　仕事への「スキ」という気持ちを育てて，それを「スキル」に変えられる番組です。自分の気になるジャンルやゲストの回を見逃さないよう，ぜひ「シゴトズキ」で検索してチャンネル登録をお願いします。

## 質問5：広報パーソンへのアドバイスやメッセージをお願いします。

　「広報・PRは恋愛と同じだ」と思っています。恋愛では，見た目や収入がどれだけ優れていても，相手が自分に興味がなければ振り向いてももらえません。

　同様に，どれだけ優れたサービスや製品であったとしても，その魅力にメディア側が気づかないこともあります。

　「絶対に成功する恋愛テクニック」がないように，「絶対に成功する広報・PRテクニック」はありません。そう聞くとどうすればいいのかと頭を抱えてしまいそうですが，それほど難しい話ではありません。

　もし好きな相手ができたらどうしますか？

　相手のことをよく知って，自分に振り向いてもらえるような作戦を色々と練るのではないかと思います。自分のことを無理やり押し付けて，逃げていく相手に「どうして自分の魅力がわからないの？」と苛立ちながらアプローチしても進展はありません。

　自社の製品やサービスに自信を持つことは大事ですが，それを押し付けるのではなく，どうやって興味を持ってもらえるかを考えるのが成功の近道です。

　「広報・PR」「メディア」という文字を見ると血が通っていなくて何か方程式でも存在しそうな感じがしますが，広報・PRをしようとしている皆さんが人間であるように，メディアも人間の集まりです。メディアは広報・PRの皆さんから説得される側ではなく，一緒に情報を届けたいとさえ思っています。ぜひ自分に自信を持ち，相手のことを知り，後悔のないアプローチをしてみてください。

　片想いの段階であったとしても焦らずに，「どうやったら振り向いてもらえるかな」とその状態を楽しむくらいのほうが，きっと"恋愛"はうまくいきます。

# ソーシャル型オンライン経済メディア 「NewsPicks」が 広報・PRに 求めるものとは？

NewsPicks Studios 代表取締役CEO／元NewsPicks 編集長

## 金泉　俊輔（かないずみ・しゅんすけ）

PROFILE

雑誌ライターとして活動後，女性情報誌・女性ファッション誌編集を経て，週刊誌編集へ。『週刊SPA!』編集長，ウェブ版『日刊SPA!』創刊編集長などを務める。株式会社ニューズピックスへ移籍し，NewsPicks編集長，プレミアム事業担当（編集部・パブリッシング・ソーシャル編集部）執行役員を経て，2021年1月より現職。

NewsPicks　https://newspicks.com/
NewsPicks Studios　https://studios.newspicks.com/

## 質問1：個人・編集部・番組としてどんな情報を求めていますか。

　NewsPicksは「経済情報の力で，誰もがビジネスを楽しめる世界をつくる」をパーパスに掲げています。それに適う情報を求めています。

## 質問2：社内での企画の通り方について教えてください。

　編集者や記者，映像プロデューサーやディレクターが「面白い」と思

う企画を持ち寄り，ボトムアップで決めていきます。

## 質問3：読者層，読者が持つ関心分野や事象について教えてください。

エコノミーを「経済」と訳したのは福沢諭吉ですが，中国古典に登場する「経世済民（世を経め，民を救う）」からできた日本語です。NewsPicksの経済情報は，読者・視聴者が求める広範な「経済」を扱います。

## 質問4：自社の媒体の特徴を聞かせてください。

①外部メディアとのニュースキュレーション，②編集部・NewsPicks Studiosが制作するオリジナルコンテンツ（記事・番組），③ピッカーと読んでいるユーザーからのコメントやpickなどで形成されるコミュニティの三位一体のソーシャル経済メディアであることです。

## 質問5：広報パーソンへのアドバイスやメッセージをお願いします。

テクノロジーが進化する中，調査報道やファクトチェックの重要性を理解し，メディア対応してください。

第3章

# 広報・PR活動を進めるための土台をつくる

# 広報・PRは情報収集が9割

## 広報・PRは「知の戦い」

　広報・PRは「知の戦い」です。それゆえ，他の人より多くの物事を知っておく必要があります。

　まず，新聞，雑誌，テレビ，Webなど，それぞれの媒体についてのリサーチが不可欠です。ただ，いずれの媒体での掲載を目指していても，新聞のチェックはすべきです。読む際は，紙でもタブレットでもよいですが，電子版は紙面全体を見ることができず，目に飛び込む情報が少ない分，自社にとって大切な情報を見落とさないように気をつける必要があります。

　媒体に加えてさらに，街中に溢れている広告，人々の動き，SNSなど，日々の中で感度を高めておくことも必要になります。

　一見非効率に感じるこれらの行動が，メディアに掲載してもらうためには大切です。

## ポータルサイトの落とし穴

　「ポータルサイトのニュース情報ではダメですか？」と聞かれますが，とても足りません。Yahoo!などのポータルサイトの場合，ニュースは経済，エンタメ，スポーツなどさまざまな分野にカテゴライズされています。それらの報道は，運営元が読者にとって有益かどうかを判断し，ピックアップしたものです。読者はその中から自分が読みたいニュースを探し，クリックする必要があります。そのため，有益な情報を探し出

せず，見落としてしまう可能性があります。さらに，興味のあるニュースばかりを追っていると，視野が狭くなります。

　一方で，新聞は，今知るべき情報が紙面の中で網羅されています。紙の新聞をペラペラとめくっているだけで，思わぬニュースが目に入ることもあります。

　これは，書店とAmazonの関係をイメージしてもらうとわかりやすいかと思います。ほしい本が決まっている場合，Amazonを利用したほうが便利です。タイトルを入力して検索をかければ，探している本が瞬く間にヒットし，地域によっては翌日には手元に届くでしょう。

　書店の場合，足を運ぶ手間はあります。けれども，目的の本を探しているときに，ふと別の棚の本が気になることがあります。また，ほしい本がないときにも，店内をふらふらと歩いているだけで，おもしろそうな本に出合ったりすることもあります。手間はかかりますが，貴重な「発見」の機会があるのです。

> **メディアの声**
> 「朝の情報番組に出演していた時，控室に行くと，全国紙やスポーツ紙がすべて束になった状態で置いてありました。出演するコメンテーターはみんな，新聞に目を通しながら何をコメントするか考えます。」（雑誌編集長）
> 「次週の番組の企画を考えるとき，スタッフ全員で新聞を読みながら「これ，おもしろそうだね」「企画になりそうだね」と話しています。」（テレビ局ディレクター）

## 新聞は「下から」が基本

　若い頃，「新聞は下から読みなさい」と上司から教わりました。紙面

の下にあるのは，ベタ記事と呼ばれる小さな記事です。

　紙面のトップにあるような大きな記事は，テレビのニュースでも流れていますし，Yahoo!などのポータルサイトのトピックにも取り上げられています。ところが，ベタ記事のような小さなものは，テレビのニュースにも，ポータルサイトにも流通しません。

　極端なことを言えば，世間を騒がせているような大きなニュースはあえて新聞で読む必要はありません。一般には知られていない情報をベタ記事から仕入れることに，新聞を読むメリットがあるのです。新聞を読む人は減っていますが，広報・PRは，新聞を読むだけで頭ひとつ抜きん出るチャンスを得られるでしょう。

## 業界紙・誌まで目を通す

　広報・PRは，自社の情報はもちろん，業界全体の動きを追う必要があります。そのためにはやはり，朝日新聞，読売新聞，毎日新聞，産経新聞，日経新聞といった全国紙はもちろん，業界のことについて書かれた業界紙・誌のチェックも必要です。

　業界紙・誌を読むメリットは，業界全体の動向についても押さることができ，「記事になりやすい」情報提供ができるようになることです。

　例えば，新しいビールの開発を行ったとしましょう。記者に対して「新しい飲み心地なんです」「従来のものより値段も手頃です」と伝えても，ビール業界に詳しい記者でない限りは，ピンとこないかもしれません。場合によっては，「手前味噌だ」と判断され，興味を持ってもらえない可能性もあります。

　けれども，次の情報を加えるとどうでしょうか。

- 業界の課題
- 市場のトレンド
- 競合他社情報

　仮に，業界全体で若者のビール離れが進んでいたとします。また，物価高の影響で，安価な酒類が販売数を伸ばしていて，ライバル会社も価格が安い「第3のビール」に力を入れていたとします。

- 業界の課題：若者のビール離れが進んでいる
- 市場のトレンド：安価な酒類が好調
- 競合他社情報：ライバル会社も新しいビールを発表

すると，情報提供の仕方も以下のように言い換えられます。

「新しい飲み心地なんです」

言い換え　↓

「若者のビール離れが進んでいます。そのため，お酒があまり飲めない人でも楽しめる新しいビールを開発しました」

「従来のものよりお値段も手頃です」

言い換え　↓

「物価高の影響で，安価な酒類にシフトする消費者が増えているため，この商品も価格を抑えました。また，ライバル会社も新商品を開発しており，『第3のビール』が業界全体のトレンドとなっています」

　このように，自社の情報だけでなく，業界全体の動向を加えることで，情報に厚みが生まれます。第1章でご紹介したお香メーカーの例と同じことです。

## 週ごとに新聞をチェックする

　日々忙しくしている広報パーソンが，毎日，新聞を何誌も読むのは現実的に難しいと思います。そこで，効率的に新聞を読む方法をお教えします。それは，365日続けて購読するのではなく，「週ごと」に区切ってチェックする方法です。

　まず，「今週は時間に余裕がありそうだ」と思ったときに，朝日新聞，読売新聞，毎日新聞，産経新聞，日経新聞といった全国紙を，月曜日から日曜日にかけて全紙購入し，毎日読みます。余力があるタイミングを見計らって，この作業を何週分か繰り返しましょう。毎週できなくても，1週間おき，2週間おきなど，はじめはできる範囲で構いません。

　1週間分を連続して読むことで，曜日ごとのコーナーを把握することができます。各社ごとの特徴や掲載されている情報の傾向も掴めます。自社の業界に関する情報が掲載されていたら，新聞記事を切り抜いて，ファイリングしておくとよりよいでしょう。

　このとき，政治面，経済面，社会面，生活・家庭面などすべての紙面を見る必要はありません。紙面の中から，自社に関係のあるところをチェックしましょう。


## チェックしているテレビ番組

　広報・PRでは，テレビ出演を狙うこともあります。その場合，番組を知らなければ話になりません。私は毎週，報道ニュース番組，経済番組，情報番組をチェックしています。例を挙げると，以下のようなものです。

• WBS（テレビ東京）
• カンブリア宮殿（テレビ東京）

- ガイアの夜明け（テレビ東京）
- 日経プラス10（BSテレ東）
- おはよう日本（NHK）

　さらに，放送内容を確認して気になったテレビ番組は，都度，録画するようにしています。

　テレビは同じ番組でも，春，秋に新しいコーナーが始まることがあります。番組再編などのタイミングもしっかり見ておくようにしましょう。

　ちなみに，私が勤めているベンチャー広報のスタッフに，Ｔさんという方がいます。Ｔさんは広告代理店で働いたのち，「PRの仕事がしたい」と20代後半でベンチャー広報に中途入社しました。Ｔさんの相談を受け，私が見ている番組を紹介すると，すぐに家電量販店へ行き，DVDプレイヤーを購入したそうです。日々番組のリサーチをされ，すぐにテレビ取材を獲得。その後，徐々に実力をつけ，今やエース的な存在です。

　慣れるまではたくさんの番組を見るのは大変だと思うので，まずは1つの番組の録画からで構いません。番組のテーマや内容，出演企業・人物，報道傾向も掴めます。少しずつ，自身の引き出しを増やすとよいでしょう。

## オンでもオフでもリサーチをする

　新人時代，上司から「仕事が終わった後は，何のアンテナも張っていない」と指摘されたことがありました。

　広報・PRは，オンでもオフでも，情報に対するアンテナだけは常に立たせておかなければならない仕事です。例えば，通勤時の電車の中では，どのような広告があるのかをチェックしたり，スマートフォンでいろんなメディアをリサーチしたりすることができます。生活している中でも，意外と企画のヒントやトレンドが見つかるものです。

# 「お伺い広報」から脱する

## 社内の情報をそのまま流すのはNG

　広報・PRは会社の中にいながらも，常にメディア側の視点を持って情報を判断しなければいけません。社内の人間から言われるがまま情報を発信する「お伺い広報」になってはならないのです。

　社内の開発チームから新商品や新サービスについての情報が上がってきたとき，その内容をそのままプレスリリースにして流しては，存在する意味がありません。

　開発チームがいくら「これはすごいものだ」「画期的だ」「ヒットするに違いない」と言っていても，鵜呑みにせず，上がってきた情報を客観的に見つめましょう。

　ひょっとしたら，他社によってすでに似た商品が発売されているかもしれません。そのまま「画期的な商品」とプレスリリースに流してしまったら，メディア側に「ふ～ん」とあしらわれてしまいます。スルーされてしまうだけならまだよく，「いつもつまらない情報を送ってくる」という烙印が押されてしまったら，今後の広報・PR活動にも悪い影響があります。

## 他社とどう違うのか

　先ほどのビールの例で言うと，もし他社がすでに「第3のビール」を発売していて，自社がそれに追随する形なら，差別化できる要素がない

かを探しましょう。

　それは，「これまでのビールの中で最も軽い飲み心地」など商品に関するものでもいいですし，「全員20代の若手で開発をした」といったストーリーについてでも構いません。他社のほうが事業規模が大きかったり，商品が売れていたりしても，開発から発売に至るまでの物語はどんな小さな会社にもあるはずです。「会社の業績が悪く，社運をかけてこの商品を開発した」など，想いに関するストーリーもオリジナリティーになります。

　自社単独では情報が弱いと判断した場合は，業界全体のトレンドや他社の情報を盛り込むのも手です。A社，B社，C社と複数の会社の情報が合わさることで大きなスペースでの報道が獲得できる可能性が高まります。

**＜情報のかけ合わせを検討する＞**

第3のビール

＋

**差別化できる要素**
・最も軽い飲み心地
・開発・発売までのストーリー

**業界全体のトレンド**
・A社，B社，C社の情報

# 自社の「キーワード」を準備する

## 会社を想起させるのに便利なキーワード

**「日本のビール市場にバラエティを提供し，新たなビール文化を創出する」**

どこの会社かわかりますか？　おそらく，多くの方はわからなかったのではないでしょうか。それでは，以下のようにするとどうでしょうか。

**「よなよなエールをつくった会社」**

「ヤッホーブルーイングだ！」と気づいた人が増えたのではないでしょうか。広報・PRがとても強い会社と言われています。

社名までは頭に浮かばなくても，「よなよなエールなら知っている」と思った人も多いかもしれません。「バラエティを提供」と言われるより，「よなよなエールをつくった会社」と言われるほうが，イメージしやすいかと思います。

ヤッホーブルーイングはこのように，よなよなエールというキーワードをアピールすることで，メディアに対する認知度やコンタクト率を上げてきました。

## 「キーワード」をどう準備するか

ここで言うキーワードとは，端的に言えばキャッチフレーズのようなものです。ずっと同じものを使い続ける必要はありません。よなよな

エールよりヒットする商品が現れたら，そちらをキーワードにしていい
のです。

　会社名だけでは「何の会社だ？」と思われてしまう場合も，「○○で
記録的ヒットを出した○×○」と伝えれば理解してもらいやすく，プレ
スリリースをつくったり，初めてメディアにコンタクトを取ったりする
ときに便利です。

　新聞をよく読むと，「業界最大手の電通」など，社名の前にはキーワー
ドが付いていることが多いです。キーワードを付けることで受け手側が
スムーズに解することができるからです。

**＜キーワードを考える際の注意点＞**
- 自社の情報を端的に，ひと言で伝えられる言葉が理想
- キーワードに「美しい」「素晴らしい」など形容詞を多用しない
- 「クリエイトする」「イノベーションを起こす」など，わかるようでわから
　ない英語を多用しない
- 必ずしも企業のミッションやビジョンとイコールにする必要はない

# 04

# 報道基礎資料をつくる

## 会社全体を理解してもらうための資料

　自社のことを知らない人たちに対して，会社全体のことを理解しても
らうための資料のことを「報道基礎資料（Factbook）」と言います。メ
ディアに初めてコンタクトを取る時に，この資料とプレスリリースを
セットにして送ると喜ばれます。記者が会社について調べる手間が省け
ますし，あらかじめ情報を把握しておくことができれば取材の事前準備
が可能になるため，記事の内容も深まります。

　資料の体裁はワードやパワーポイントなどで構いません。枚数も４〜
５枚程度，多いときでも７〜８枚ほどです。記者にとって必要な情報が
コンパクトにまとまっていればいいので，デザインにこだわる必要もあ
りません。

　盛り込む情報は，基本的には人材を採用する際の案内パンフレットを
イメージしてください。一度このような資料をつくれば，当然ながら人
材採用をする際にも役立ちます。

## 記載内容

　事業内容，事業規模，従業員数，過去３年間の業績のほか，以下のよ
うな内容も掲載するといいでしょう。

## ①社長のプロフィール

　商品やサービス以外にメディアからの取材依頼が多いのが，社長に対するインタビューです。そのため，採用案内とは異なり，社長に対する情報は多めに記載するようにし，人柄や考え方が伝わるようにします。略歴はもちろん，なぜ会社を立ち上げたのか，事業についての想いなども載せるといいでしょう。

　時々，自社のホームページにも名前しか掲載していないなど，自身のことをあまり表に出したくないと言う経営者がいます。けれども，私は基本的には会社のトップの情報は打ち出しておくべきだと考えています。最近では消費者側も，トップはどういう人なのか，どういう考えの持ち主なのかを知りたがる傾向にあるからです。

　もちろん，社長の情報については，広報資料のほかに「プロフィール資料」という形で別につくってもよいでしょう。

## ②福利厚生

　近年の「働き方改革」の影響もあって，福利厚生についてもメディアの関心が高まっています。会社を知ってもらう際に，「福利厚生が充実している」ことは，アピールポイントとなります。しっかり記載しておきましょう。あわせて，どんな従業員が働いているかについても掲載すると，記者にイメージしてもらいやすくなります。実際に取材に結びつかなくても，企業のイメージは確実に向上します。

## ③社会貢献

　SDGsなどに対する関心は高いです。環境問題解決など，社会貢献に積極的に取り組んでいる姿勢も重要視されます。社会に向けての活動を行っている会社は，その点も盛り込むといいでしょう。

# 05

# 年間100人のメディア人脈を持つ

## 40年間広報・PRを続けられる理由

「ずっと広報・PRを続けられる理由はなんですか」とよく聞かれます。交渉力が強いわけではない，文章力が高いわけではない，いたって普通の私が，40年間広報・PRを続けてこれたのは，「人脈」のおかげです。

「一期一会」という言葉がありますが，私は，「会社と会社の枠組みを超えた，個人同士の信頼関係を築き上げたい」と考えて仕事をしてきました。

メディア業界は異動や転職が多く，2〜3年ほどで担当が変わったりします。担当が変わって，仕事上やり取りをすることがなくなった方ともできるだけ連絡を取り，先方から何かお願いされることがあれば，喜んで対応してきました。別に何か目論んでそうしてきたわけではなく，単純に人づきあいが好きなのもありますが，40年経った今，そうやってご縁をつないできた仕事仲間が，出世して元の職場に戻ってくることもよくあります。

## 目標に数値を入れてメルクマールにする

広報・PR活動は，すぐには結果に結びつきません。そのため，途中で疲弊してしまう方もいます。広報・PR活動そのものをやめてしまう会社もあります。

おすすめは，数値を入れた目標をつくることです。

「新聞での報道を獲得する」「テレビに社長を出演させる」といった社

内的なものもいいですが，運や他力によるところも多いので，自分の首を絞める可能性もあります。

そこで，「1年間に100人のメディア関係者とコンタクトを取る」「名刺を50名集める」のような，コツコツやれば達成できそうな具体的な数値目標をつくるのです。このような個人的な目標であれば，モチベーションになります。

「広報・PRの仕事を辞めたい」そう思ったとき，これまで交換した名刺を見返してください。今は目に見えた形で結果が出ていなくても，集めた名刺はあなたの成果です。そのようにしてできたメディアとの人脈は，転職することになっても役立ってくれるはずです。築き上げたメディア人脈はまさに「財産」なのです。

### メディアの声

「ある広報担当者の方が定年退職される際，弊社でも送別会を行いました。それくらい，その方にはお世話になったんです。」（雑誌編集者）
「お世話になっている広報の方がもし転職し，新しい会社に移られた後も，お付き合いを続けたいと思います。価値のある情報を提供してくださる方は，そうそういないので。」（新聞記者）

### メディア人脈構築のヒント① 名刺アプリの活用

　ちなみに，「知り合ったメディアの方々の名刺はどのように管理していますか」と聞かれるのですが，「Eight（エイト）」というアプリを使っています。仮に，お世話になった記者や編集者が他の部署に異動してしまっても，相手がEightを使用していれば，自動で情報が更新されて便利です。メディア関係者はEightを活用していることが多いので，使っていて損はないと思います。

もちろん，FacebookやX（旧Twitter）も重要なコミュニケーションツールです。

## メディア人脈構築のヒント②　PR手帳の活用

　私が約40年前からずっと活用しているのが，（公社）日本パブリックリレーションズ協会の『広報・マスコミハンドブック PR手帳』です。この手帳には各媒体の連絡先や編集部署はもちろん，発行部数などの情報も網羅されています。

　プレスリリースの発信，社内のヒアリング，メディアとのコミュニケーション，そしてメディアリサーチ……。なかなかすぐに成果が出ない広報活動だからこそ，PR手帳を活用し，四半期ごと，つまり3カ月スパンでスケジュールを立てています。

　ちなみに，私の所感ですが，メディアの方は，午後のほうが時間をとってもらいやすいです。それゆえ，面談の予定は基本的に午後に入れて，午前中は新聞や狙いたい媒体の読み込みなどに充てています。

## メディア人脈構築のヒント③　月刊『広報会議』の活用

　『広報会議』（宣伝会議）も，新人時代から読んでいる広報のための専門誌です。広報全般の旬な話題や取組が網羅され，パブリックリレーションズの実践に役立つノウハウや手法を紹介しています。

　この中に「メディアの現場から」コーナーがあり，毎回さまざまな媒体情報や情報提供先も紹介されています。第2章でコメントをいただきました，松林薫様のコーナー「記者の行動原理を読む広報術」も，記者の情報に対する考え方や心理を習得するのに大変参考になります。

　その他，メディアの方が講師となっての勉強会も企画されています。

# 第4章

# 自社の情報をプレスリリース
# などに落とし込む

# プレスリリースはA4用紙１枚

## 取り上げてもらうための工夫を凝らす

　出版社が新たに本をつくって発売するとき，消費者に向けた情報と本を書店に並べるかどうかの権限を持つ書店員へ発信する情報は異なるそうです。

　消費者に対する情報は，「業界実績40年の著者」「この本１冊でメディアへのアプローチ方法がすべてわかる」など，本を読むことで得られるメリットを謳うことが多い傾向です。Amazonにあるような，本に対する説明文をイメージしてもらうとわかりやすいかと思います。それに対し，書店員へ伝える情報は，「ベストセラー著者の２冊目の本」「シリーズ累計10万部超え」など「なぜ，その本を書店に並べるべきなのか」といった，客観的な理由だといいます。

　これと同様に，消費者に送る「この商品を買ってください」という広告のメッセージと，広報がメディアに送る「当社の商品を取り上げてください」というメッセージは，発想が異なります。

　メディアへは商品のアピールポイントだけを記載した「広告」を送ってはいけません。新しくコーヒーを発売するのなら，メディアにはコーヒーの美味しさではなく，そのコーヒーがなぜ話題になるのかの情報を提供しなければならないのです。「売るためのフレーズ」ではなく「取り上げてもらうためのフレーズ」を伝える必要があります。

　以上を踏まえて，具体的にどのようにしてプレスリリースに情報を落とし込んでいくべきかを考えます。

## プレスリリースは簡潔さが大事

　プレスリリースはA4用紙1枚が基本です。複数枚にわたってしまう場合は，ニュースの要となる情報は必ず1枚目に収め，2枚目以降は参考情報と位置づけます。多くても2～3枚程度にとどめましょう。伝えたい内容をきちんと網羅していたら，デザインなどにこだわる必要はありません。

### ＜プレスリリースのフォーマット＞

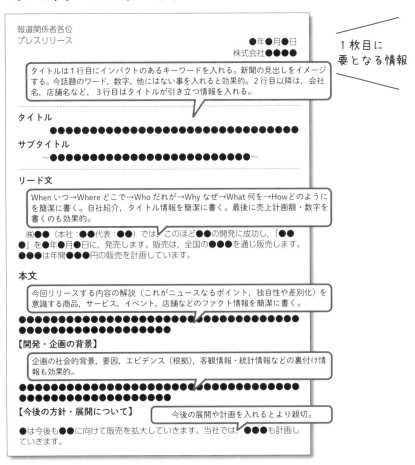

【会社概要】
社名 ：株式会社●●●●●●●●●●
所在地：東京都●●●●●●●●●●●
URL：https://www.●●●●●●●●●

●年●月●日
株式会社●●●●

2枚目は
参考情報

【お問合せ先】
プレスリリースを見て問合せされる時の報道関係者向きと記事を見て一般の
方から問合せがある場合も想定しての連絡先も記載すると親切。
◆商品に関するお問合せ先
会社名，窓口，TEL，Email
◆報道関係のお問合せ先
会社名・部署，担当者名，携帯のTEL，Email

　本書を手に取ってくださった方のために，プレスリリースのフォーマットをご用意しました。

https://drive.google.com/file/d/1ckC29eEw1eqoSOBxVv
HnhTlBdYsJhvKK/view?usp=sharing

　初めてプレスリリースを書く方，いつも自己流でプレスリリースを書いていて，書き方に不安がある方はぜひご活用ください。

02

# プレスリリースの構成要素

最低限，以下を漏れがないように書きます。

## ①宛名

記者クラブなどで一斉に発表するときは，「報道関係者各位」とします。個別で郵送やFAXする場合は，媒体名と記者名を入れます。個別に送る際，宛名部分を空欄にしておいて，後から手書きで記入しても問題ありません。

## ②日付・会社名

リリースの右肩には，発表当日の日付と会社名を記載します。会社名は，ロゴがあればそちらを使いましょう。プレスリリースのはじめに記載する自社名は，「○○工業株式会社」というように，株式会社も含めた正式表記にします。本文では「株式会社」や「㈱」は省略し，文面で2回以上登場する場合は「当社は」としましょう。

## ③タイトル

プレスリリースに記載するタイトルのでき次第で，読まれるか，読まれずに捨てられるかの運命が決まります。目立つように，本文よりひと回り大きい太文字で書きます。「何が面白いのか」「どこがニュースなの

か」がすぐわかるタイトルにしましょう。1行で書ききれない場合，タイトルとサブタイトルの2行に分けて構成するパターンもあります。

## ④リード

　タイトルで記者の興味を引いた後，本文に誘導するためにはリードが欠かせません。リードには，商品やサービス，取組の中で「最もニュース性があるポイント」をメインに書いてください。ただし，リードは長くても4〜5行に収めるようにしましょう。最もシンプルなリードは，「○○社は某月某日，□□な人に向けて××サービスを開始します」といった形です。

## ⑤本文

　本文は，タイトルやリードだけでは説明できなかった，ニュースの具体的な内容を記載します。基本的には，商品やサービス概要，開発経緯や特徴，時代背景などをニュース性の高い要素から順番に書いていきます。テーマごとに段落を分け，小見出しを付けるなど，読みやすい工夫をしましょう。

## ⑥トップ，開発担当者のコメント

　商品やサービスであれば，「この商品を普及させて世の中をよくしたい」など，トップや開発者の商品にかける熱い想いを本文に加えましょう。商品だけでなく人物ストーリーとして取材してもらえることがあります。

## ⑦問い合わせ先

　住所，会社名，電話番号，FAX番号，HPアドレスだけでなく，担当者の氏名とメールアドレスを記入します。電話番号は代表番号ではなく，その件に責任を持って答えられる人の携帯電話番号を記載するようにしてください。記者からの質問や確認の電話は夜でもかかってきますので，必ずつながる番号を掲載するようにしましょう。

## ⑧参考資料

　写真や会社概要，開発の背景，参考となるデータ，文献など，1枚目に入りきらなかった資料は2枚目以降に記載します。本文と区別できるよう「参考資料」と明記してください。

# タイトルが勝負を決める

## 本文を読んでもらえるか否かはタイトル次第

　タイトル付けは，プレスリリースの本文を読んでもらうためにもとても重要です。ここで興味を持ってもらえない限りは，リード，本文へと読み進めてもらえることはありません。

　タイトルには，そのプレスリリースで最も伝えたいことを記載します。テクニックとして，以下の点に注意すると，インパクトを与えやすくなります。

**＜タイトルづけで意識したい点＞**
- タイトル内で最も伝えたい情報がすべて盛り込まれているか
- 以下の分野を意識したキーワードを見つける

> 立ち位置（国内初，業界初，業界NO.1）
> 意外性（画期的な，驚くべき）
> 希少性（独自，独創）
> 社会性（時流，旬，季節，行事，記念日，数字，指標，統計）

- 数字を入れる場合

> 販売台数１万台突破
> 入場者○人超える
> １カ月で3,000個が完売
> ○○が驚きの△△円

• 時流を入れる場合

> AI
> 　Z世代
> タイパ
> インバウンド需要

　ただし，時流については流行り廃りがあるので，世の中の動きをこまめにチェックするようにしてください。新聞タイトルが最も参考なります。ぜひヒントにしてみて下さい。

　また，避けるべき点についても挙げておきます。

## ＜タイトルづけで避けたい点＞

✖形容詞は避ける。「素晴らしい」「美しい」「かわいい」「簡単に」「すぐに」「多くの」など商品やサービスの購入を促すような広告的な表現は客観性に乏しいので注意しましょう。

✖根拠のない数字は避けましょう。客観的な根拠や裏づけとなるデータが必要になります。その場合，第三者機関で調査したデータであればより信憑性が高まります。

✖医療・医薬品や化粧品の場合は，原則「最高」「最大」「最も」などの最上級表現は避けましょう。「医療法」および「薬機法」に抵触する可能があります。

# リード文でタイトルを補強

## 5W1H+α

　タイトルに続くリード文には，タイトルで表現し切れなかったことを盛り込みます。

　タイトルとリードを考える際は，「5W1H+α」を意識すると考えやすくなります。「5W1H+α」とは，「いつ（When）」「どこで（Where）」「誰が（Who）」「何を（What）」「なぜ（Why））「どのように（How）」に，「いくら（How much）」「どのくらいの期間（How long）」「どのくらいの距離（How far）」を加えたものです。

　タイトルには「5W1H+α」の中で最も言いたいことを，リード文にはタイトルに盛り込むことができなかった「5W1H+α」の要素を入れます。すると，ざっと読んだだけで全体像が伝わりやすいプレスリリースとなります。

　ただし，「5W1H+α」は，必ずしもすべての要素を盛り込む必要はありません。次の例も，「どのくらいの距離（How far）」は記載できる内容がなかったため，使用していません。

　業種・業態や企業の方針で盛り込む項目や表現方法などさまざまです。まずは全体像と情報の流れを掴み，イメージを持つことが必要です。

**＜5W1Hを意識したタイトル・ワード＞**

**タイトル**：「日本初！（＝Where)「昼と夜で香りが変わる線香」（＝What）が，
　　　　　　販売開始後約1カ月（＝How long）で1,000万円の売上を達成（＝

How much）」

リード文：「2023年５月１日（＝When），ミカミ商店（＝Who）が「おうち時間を充実させるために」（＝Why）と発表した「○○線香」が，１カ月（＝How long）で準備した１万箱が完売するという記録的ヒットとなりました。」

## 自分がクリックするのはどのようなとき？

「どうしてもいいタイトルが思い浮かばない」というときは，ポータルサイトのYahoo!のトップページをチェックしてみてください。思わずクリックした記事のタイトルは，どのようなものでしたか？　日頃からそのような分析を行っておくと，いざ，プレスリリースのタイトルを考える際にも役立ちます。

次ページから，メディア取材が絶えなかったプレスリリースの例を挙げます。シェアウイングというベンチャー企業のプレスリリースですが，メディア取材が20件以上はあったそうです。タイトルは，「～お寺とベンチャー企業がタッグを組んだ　お寺再生プロジェクト第一弾～「TENPLE HOTEL　高山善光寺」９月１日グランドオープン　日本文化体験を通して「セルフクレンズ」できる宿坊」です。このタイトルにも，きちんと５Ｗ１Ｈが盛り込まれています。

いつ（When）：９月１日
誰が（Who）：お寺とベンチャー企業
何を（What）：ホテルをオープン
なぜ（Why）：お寺再生のため
どのように（How）：日本文化体験を通して「セルフクレンズ」できる宿坊
　　　　　　　　とすることにより

## 実例 メディア取材が絶えなかったプレスリリースの例
（株式会社シェアウィング）

### （1／3枚目）

OTERA STAY
*Japan amazing temple & shraine experience*

報道関係者各位

2017 年 9 月
株式会社シェアウィング

---

> ～お寺とベンチャー企業がタッグを組んだ お寺再生プロジェクト第一弾～
> 「TEMPLE HOTEL 高山善光寺」9 月 1 日グランドオープン
> 日本文化体験を通して「セルフクレンズ」できる宿坊

　日本の歴史と文化が詰まった社寺での体験・滞在により「日本の魅力」と「ありがとうの感謝の輪」を世界に広げていく体験ステイサービス『お寺ステイ』を運営する株式会社シェアウィング（所在地：東京都港区、代表取締役シェア社長：佐藤真衣、雲林院奈央子、URL：https://oterastay.com）は、高山善光寺より運営支援業務の委託を受け、9 月 1 日に「TEMPLE HOTEL 高山善光寺」をグランドオープンいたします。

**【日本文化体験アクティビティも提供スタート。**

**日本の魅力を海外へ伝える草の根外交の場】**

　地域とのつながりが途絶えていた高山善光寺はリフォームを経て宿坊として蘇り、7 月 10 日のプレオープン以来外国人観光客に好評をいただいております。9 月 1 日のグランドオープン以降は「TEMPLE HOTEL 高山善光寺」で体験できるアクティビティをご用意いたしました。宿泊だけでなく日本文化も体験していただくことによって、より日本の魅力を海外からの旅行者に伝えることができます。また、普段慌ただしく暮らしている現代人に、「セルフクレンズ」の場を提供してまいります。シェアウィングでは、忙しい毎日の中でも、社寺での日本文化体験を通じて一度しっかり立ち止まり、心を鎮め、空白、静寂を作り自分らしくいるために、心と体を整えることを**「セルフクレンズ」**と呼んでいます。

【着物】　　【人力車市内ツアー】　　【写経】　　【ご戒壇巡り】

**【取材に関するお問い合わせ】**
株式会社シェアウィング広報担当：ベンチャー広報　三上
携帯電話：　　　　　メールアドレス：

---

「セルフクレンズ」とは聞きなれない言葉ですが，シェアウイングでは，心と体を整えることをこのように呼びます。忙しい現代社会のニーズにマッチする内容です。

（2／3枚目）

OTERA STAY
Japan amazing temple
& shraine experience

■日本文化体験アクティビティ
・ご成壇巡り（毎日開催）
・お務め（毎週土曜もしくは日曜開催）
・着物（毎日開催）
・写経（毎日開催）
・人力車市内ツアー（毎日開催）
・ヨガ（週2回〜、曜日未定）

※アクティビティによって開催日が異なります。

**【お寺本来の姿を取り戻し、後世に残る地域と世界に開かれたコミニティの場に】**

　高山善光寺はかつて地域が集う寺院として親しまれ、遠路からの参拝者の方々のために宿坊を併設し、世界中から高山を訪れる方の国際色豊かな宿としても役割を果たしてきました。しかし、時代とともに少しずつ涂絶えていました。

　そこで子育て中のママ2名がシェア社長として代表を務め、社寺での日本文化体験を通じて『セルフクレンズ』の場づくりを行っているシェアウィングより運営支援の相談をさせていただき、地域の皆さんや海外からの旅行者に気軽に立ち寄って交流してもらえる、開かれたお寺として蘇らせる取り組みが始まりました。

**【社寺を取り巻く環境の変化。外国人観光客のニーズで宿坊がスタンダードに】**

　近年、檀家の高齢化や参拝客の減少に悩むお寺が増える一方で、外国人観光客の参拝が急増しています。特に、お寺ならではの「朝のお勤め」や「座禅」等をやってみたいという外国人観光客は多く、英語表記を充実させたり、外国人向け瞑想体験を実施しているお寺も増えています。

　また外国人観光客の増加により、現在でも宿泊施設不足が続いており、2020年時点では東京・関東地方で約6,400室、京都・大阪を含む近畿地方では約20,000室もの客室数が不足すると予想されています。この不足分の客室数を「宿坊」によって補うことを当面の目標としています。

**【ヨーロッパ人旅行客で溢れかえる飛騨高山。秋は、日本三大美祭「高山祭」で賑わう。】**

　飛騨高山は数年前から外国人旅行者の受入環境整備に積極的に取組んでおり、人気を集めています。2016年に岐阜県高山市を訪れた観光客数は前年比約4%増の約450万人、外国人観光客の宿泊者数が同26%増の約46万人と、いずれも過去最高を記録しています。アジア圏だけでなく、フランスやスペイン、イスラエルからの観光客の割合が高いのが特徴です。

**【取材に関するお問い合わせ】**
株式会社シェアウィング広報担当：ベンチャー広報　三上
携帯電話：　　　　　　　メールアドレス：

「セルフクレンズ」とは，具体的に何をするのか。写真を挙げて説明することで，一見で理解しやすくなります。

（3／3枚目）

**【宿坊再生プロジェクト今後もオープン予定】**
　今後もシェアウィングは、お寺で心も体もセルフクレンズし、日本のわびさびに触れ、自分を高める旅の拠点になる宿坊を広めるために活動してまいります。宿泊だけを目的とする宿坊ではなく、日本文化を体感し、その場でしかできない体験や交流を通じ、感動と感謝の気持ちを日本人も外国人も得ることができる草の根外交の場を目指しております。

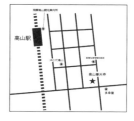

**【TEMPLE HOTEL 高山善光寺 へのアクセス】**
宿坊名称：TEMPLE HOTEL 高山善光寺
所在地：岐阜県高山市天満町 4-3
宗派：浄土宗
アクセス：JR東海高山本線 高山駅から徒歩7分
ホームページ：http://takayamazenkoji.jp

**【株式会社シェアウィング概要】**
設立：2016年6月
代表者：
所在地：
事業内容：
ホームページ：

**【取材に関するお問い合わせ】**
株式会社シェアウィング広報担当：ベンチャー広報　三上
携帯電話：　　　　　　　メールアドレス：

シェアウィングの企業目的や経営陣について，写真を使って紹介しています。

## 05

# 真似すべきは新聞記事の書き方

## 本文を考えるコツ

　本文に関しては，掲載する内容によってさまざまなパターンがあります。基本的には，「5W1H+α」に沿って重要な項目から書いていきます。新聞の書き方を参考にするとよいでしょう。最初に大切な要素から述べます。そして，①見出し，②リード，③文章，④用語解説という構造です。

**＜新聞の構造＞**

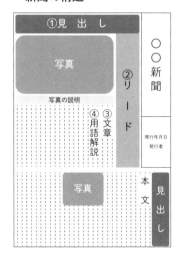

　プレスリリースに当てはめてみると，①見出し（＝タイトル），②リード，③文章（＝本文），④用語解説（＝参考資料）となります。ニュー

ス性のあるトピックから書くようにすると，コンパクトでわかりやすい
プレスリリースを書くことができます。

## なぜ新聞の構造を真似るのか

　現在では新聞，雑誌，テレビ，Webメディアすべてに向けてプレス
リリースを送るのが一般的ですが，私が新人だった約40年前は，新聞，
雑誌，テレビが中心でした。上司から「プレスリリースは新聞社に情報
提供をする目的から始まったんだから，いかに記者が読みやすく新聞に
流用しやすいかを考えるもんだ」と口を酸っぱくして教えられました。
だからこそ，なるべく構造や要素を新聞に似せていたのです（実際，プ
レスリリースに書いた文章がほとんどそのまま新聞に掲載される成功例
もありました）。

　もちろん，今では時代が変わりましたが，「人が読みやすい文章」は
普遍です。下のような逆ピラミッドの構造で伝えたい大事なことから書
き，徐々に細かい補足情報を加えていきます。

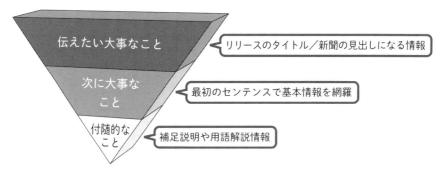

＜読みやすい文章の構成順序＞

## 06

# 取材しなくても「読めばわかる」記事を

## 昔はあえて７〜８割にとどめていた

　昔は，プレスリリースにベストな情報量は，「あえて７〜８割程度にする」が常識でした。プレスリリースにはすべての情報を盛り込まず，＋αの取材によって100％にしてもらうイメージにするようにと上司から指導されたものです。

　しかし，昨今は状況が変わりました。新聞に加えて電子版があるうえに並行して複数の企画を担当している記者も多く，記者一人ひとりが忙しくなっています（働き方改革などの影響もあるかもしれません）。できるだけ「至れり尽くせり」の状態で情報を提供したほうが，掲載の確率は高まるでしょう。

> **メディアの声**
> 「昔は，新聞は朝刊と夕刊だけでしたので，締め切りも１日２回しかありませんでした。朝刊で他社にスクープを取られても，夕刊で追いつくことができればよかったんです。けれども，今はインターネット記事の台頭で四六時中ライバルと『抜いた』『抜かれた』を繰り返しています。忙しいです。そのようなとき，そのまま記事にできるような状態で情報を提供してくださる広報パーソンには，頭が上がりません。」（新聞記者）
> 「自分ですべての情報を集めるのは大変なので，ある程度情報を集めてくださっているととても助かります。『取材してみようかな』という動機にもなります。」（雑誌記者）

## 07

# プレーンな文章を書く

## 中学生でもわかるように

　プレスリリースを書くときは，「中学生でもわかる文章」を目指して書くようにしてください。基本的に「ですます調」で書きます。通常，新聞のような「である調」にはしません。

　散見されるのが，難しい漢字を多用しているケースです。固有名詞などでどうしても漢字を使う必要がある場合は，カッコをつけてその中に読み仮名を入れておくなど，ストレスなく読めるよう配慮しましょう。

　また，あくまで情報をコンパクトにわかりやすく伝えるためのツールなので，まわりくどい言い回しは避け，１文はなるべく短く収めましょう。A4用紙に対して，１文が２行以上となる場合は，途中で文を区切れないかを検討すべきでしょう。

## 業界用語や英単語は置き換える

　業界用語や英単語をそのまま記載してしまっているプレスリリースを最近散見します。プランや計画という意味で使用される「アジェンダ」や，評価指数を意味する「KPI」などの単語を補足説明もなく使っていたりします。業界用語や英単語を使う場合は，なるべく平坦なワードに置き換えるか，どうしても載せる必要があるなら，用語解説をきちんと行いましょう。せっかく書いたプレスリリースも，受け手が途中で読むのをやめてしまったら，おしまいです。自分の文章の技巧や知識をア

ピールするよりも，読者への配慮が大切です。

　お子さんがいる方は，自分の子どもにその用語をそのまま使っても，理解してもらえるのか。まだ若い方は，自身の両親や祖父母に「アジェンダ」と言って果たして通じるのか，一度立ち止まって考えてみるとよいと思います。

　改めて新聞を読んでみると，「SNS（情報共有システム）」「IT（情報技術）」というように，世の中にずいぶん浸透したと思われる単語についても，追加説明があります。迷ったときはこの書き方を参考にしてみるといいでしょう。

## 数字やデータで説得力を持たせる

　記載する情報は，自画自賛にならないように注意しましょう。掲載している商品について，いくら「素晴らしい」と思っていても，それをそのまま書いてしまっては「手前味噌」です。プレスリリースは「感想文」ではないのです。

　商品の素晴らしさを訴えたいのなら，「販売台数１万台突破」「１カ月で3,000個が完売」などの客観的な数字を入れたり，もしくは，「世界初」「日本初」といった立ち位置やデータを引用したり，「素晴らしさ」が第三者視点からも客観的にわかる説明が必要です。

## 真似ることからすべては始まる

　広報・PR経験のない方にアドバイスするのが，「ワイヤーサービス会社のリリース発信事例を読むこと」です。ここにはさまざまな企業，組織が毎日発信する事例が紹介されています。簡単に多くのプレスリリースを読むことができます。中でも，自社の業種や発信したい分野に近いものを読むとよいでしょう。ここでも，実例を挙げていきます。

## 実例1  新商品紹介（ファーストキッチン）

　こちらは新商品リリースの基本形の事例となります。初心者の方は基本情報をコンパクトにまとめることをまずは意識してみてください。

## （1／2枚目）

【プレスリリース】　　　　　　　　　　　　　　　　　2023年6月15日

### 今年の夏もおろしでさっぱり×さわやか
# 夏限定！ゆず胡椒香るおろしバーガー＆鶏竜田バーガー新登場！
### 6/22（木）からファーストキッチン全店で

ウェンディーズ・ジャパン株式会社及び、ファーストキッチン株式会社（所在地:東京都新宿区、代表取締役:紫関修）は、6月22日（木）から、ファーストキッチン全店（競馬場店を除く）で、この夏にぴったりな「ゆず胡椒香るおろしバーガー」と「ゆず胡椒香る鶏竜田バーガー」を夏限定で販売します。徳島県産のすだちがさわやかに香るおろしソースと、ゆず胡椒を使用した旨味ソースを組み合わせてピリッと引き締めました。おろしソースを使用した商品は、2020年7月の発売以来、期間限定として大変好評いただいております。ファーストキッチンの夏の風物詩になりつつある「おろしシリーズ」に、今年はゆず胡椒をアクセントとして加え、さわやかさをアップさせて食欲のそそるバーガーに仕立てました。この夏にぴったりなゆず胡椒香るおろしバーガーをぜひご賞味ください。

### ◆ゆず胡椒とは
青唐辛子を粗刻みにし、ユズの果皮と塩を入れて磨り潰し、熟成させたものです。
九州では青唐辛子のことを「胡椒」と呼んでおり、一般的な調味料として多くの料理で使用されています。ゆず胡椒は食欲を増進する効果があるとされています。

【本件に関するお問い合わせ先】
ウェンディーズ・ジャパン／ファーストキッチン　広報担当:
＞ TEL:　　　　　携帯:

**（2／2枚目）**

◆ 商品概要

### ゆず胡椒香るおろし鶏竜田バーガー　単品560円

ファーストキッチンオリジナルの出汁を効かせた下味が特徴の
サクサクとした衣の鶏竜田と、徳島県産のすだちを使った
さわやかな香りのおろしソースが相性抜群です。
ゆず胡椒を使用した旨味ソースでピリッと引き締めた、
和の旨味がぎゅっと詰まった夏限定バーガーです。

### ゆず胡椒香るおろしバーガー　単品490円

ファーストキッチンオリジナルの特製和だしが香るパティと、
徳島県産のすだちを使ったさわやかな香りのおろしソースが
食欲をそそります。
ゆず胡椒を使用した旨味ソースでピリッと引き締めた、
和の旨味を存分に味わうことができる夏限定バーガーです。

◆ ファーストキッチンとは

1977年創業、日本生まれの「ファーストキッチン」は、現在全国に57店舗※を展開するハンバーガーチェーンです。日本人の繊細な味覚にマッチする味を追及した「ベーコンエッグバーガー」は創業当時からの人気メニュー。ハンバーガーだけではなく、フレーバーポテトやパスタ・デザートなど、従来のハンバーガーショップにはない、独自のメニュー展開で女性ファンが多いファストフード店です。※2023年6月1日実績

【本件に関するお問い合わせ先】
ウェンディーズ・ジャパン／ファーストキッチン　広報担当：▮▮▮
◀ ▮▮▮▮▮▮▮ ▶ TEL：▮▮▮ 携帯：▮▮▮

> プレスリリースの基本形に沿った事例です。有名企業なので，企業説明は軽く，新商品についての記載がメインです。商品の訴求ポイント・特徴・発売日・発売場所などの必要な情報がタイトルに盛り込まれています。

商品やサービスの紹介（石塚株式会社）

　商品やサービスのPRを行う際，「プレスリリースを構成する要素」で紹介した項目以外にも，以下の情報を掲載するようにしましょう。

- 商品の発売日やサービス開始日
- 金額・価格
- 販売チャネル（全国，一部地域など）
- 商品の概要・特徴
- その商品が発売された背景や開発意図
- 目標数字

　特にポイントとなるのが，「目標数字」です。初年度の売上目標が1千万円なのか，1億円なのか，目標数字を入れることによりビジネスの規模がわかります。

　当然，1億円のほうがインパクトはありますが，目標数字が低いからといって記載しないのはもったいないことです。**実例3**の「実績ができてからのPR」にも通ずる話なのですが，例えば，1年間で1億円を目指していた商品が，1カ月で1千万円を達成したら，その商品はヒットしたということになります。（もちろん，会社の方針により非公表の場合もありますが）。すると，今度は，「この商品，ヒットしています」という追加の情報を発信することができます。ヒット情報を発表するためには，あらかじめ，リリース時のプレスリリースで目標数字を明確に記載しておく必要があります。初回のプレスリリースには，目標数字を盛り込むようにしましょう。

　また，意識しておきたいのが新商品開発の背景・意図です。反響があった例として，石塚株式会社のプレスリリースを挙げます。日経MJや多くの関連専門紙・誌に掲載されました。

**（1／2枚目）**

報道関係者各位

2023年5月15日

石塚株式会社

### ビニールカーテンの加工販売を手掛ける石塚株式会社
## 電気代高騰対策でコンビニなど小売業向けに商品化
### 「ecoスリットカーテン」5月15日発売　冷却効率高め省エネ目指す

ビニールカーテンなどプラスチック製品で職場と環境の改善に取り組む石塚株式会社（本社：東京都千代田区、代表取締役社長：熊谷弘司、以下石塚）は、電気代高騰への対策を目的にコンビニエンスストアやスーパーマーケットなど小売業向けの冷気や熱を逃がしにくくするビニールカーテンを新商品化いたしました。価格は1枚5,478円（税込み）で、5月15日から発売を開始いたします。2023年末までに国内の100店舗の小売業でビニールカーテンの導入を目指しています。

ビニールカーテンを設置したスーパーマーケット（東京都豊島区）

**■小売業向けビニールカーテンの特徴**
製品名：ecoスリットカーテン
価格：5,478円（税込み）/枚
大きさ：1枚幅60センチ×高さ170センチ　厚さ0.5ミリ
仕様：結露防止のため直径1.5ミリの穴が空いています。
活用の効果：冷蔵食品や冷たい飲み物用の冷蔵ショーケースに取り付けることで冷気を逃しにくくし、冷却効率を高めることで省エネ効果を発揮します。
販売方法：ルート販売（今後ECサイトでの販売も予定）

**■小売業向けのビニールカーテン発売の背景**
石塚ではこれまで工場向けに、カスタマイズ商品としてビニールカーテンを販売していました。昨今の電気代高騰により、空調効率をはじめとした省電力化を目的としたビニールカーテンの問い合わせが、2023年1月から3月に昨年同月比で約3倍に増えています。
また、これまで省電力化を目的とした需要がなかったコンビニエンスストアやスーパーマーケットといった小売業からも購入依頼の問い合わせを多くいただきました。
そこで今回、小売業向けにカスタマイズではない規格品として発売することになりました。

> 石塚株式会社は，BtoB企業であり，製品の導入先はコンビニやスーパーマーケットと限られています。それにもかかわらず，電気代高騰や夏場の猛暑，エコ・コスト削減というキーワードを盛り込み注目を集めました。

**■ビニールカーテン導入の効果見込み**
東京都環境局によると、コンビニエンスストア全体の電気代の30%以上は冷蔵冷凍設備によるもので、都内の平均的な1店舗の年間電気料金は約334万円といいます。ショーケースを覆い冷気が店内に漏れ出すのを防ぐことで節電になり、石塚は「温度設定を2〜3℃変えると電気料金を約25%削減できる」と見込んでいます。

出典：
東京都環境局 東京都地球温暖化防止活動推進センター
https://www.tokyo-co2down.jp/assets/company/seminar/type/text/conveni20130
3.pdf

**■商品に関する問合せ先**
石塚株式会社　TEL:03-3866-8201

**【会社概要】**
会 社 名 :
本社所在地 :
設 立 日 :
資 本 金 :
代 表 者 :
従業員数 :
年 商 :
事業内容 : 1.
　　　　 : 2.
　　　　 : 3.
　　　　 : 4.
　　　　 : 5.
　　　　 : 6.
取 引 先 :
U R L :　　　　　　　　　　　　関連会社 :

【本件に関するお問い合わせ先】
石塚株式会社 広報担当 株式会社ベンチャー広報 三上／
TEL:　　　　　　　　MAIL:

ビニールカーテン導入の効果について，数値や役所の資料を挙げながら説明することで，より客観性を高くしています。

## 実例3 実績を紹介（石塚株式会社／株式会社TENTIAL）

　新商品や新サービスのプレスリリースを一生懸命につくっても，一度情報を流したら，その商品についての情報提供を終了してしまう人がとても多いです。特に，初心者の広報パーソンが陥りがちです。

　先述のように，目標数字を達成したものは，そのことについての情報を発信しましょう。ヒットが続けば「企画力のある会社だな」「面白い商品をたくさん開発しているんだな」と，商品だけでなく会社の全体像についての理解も進みます。業績や実績をアピールすることで，会社のブランディングにもつながるのです。

　一度ヒット商品を発表することができれば，商品やサービスをバージョンアップしたとき，新シリーズを開発したときにも情報を紐づけることができます。「社会的背景を考慮して，商品をこう変更した」「もっと多くの人の期待に応えるため，新シリーズをつくった」「販売が好調で販路を拡大した」など，新たなストーリーも生まれます。

　**実例2**で挙げた石塚株式会社は，**実例2**の新商品リリース後，半年弱で年間目標を達成するほど販売が好調となりました。**実例3**では，商品がヒットしていることを訴求してプレスリリースを出しています。

## 石塚株式会社

報道関係者各位　　　　　　　　　　　　　　　　　　　　　　　　　2023 年 10 月

プレスリリース　　　　　　　　　　　　　　　　　　　　　　　　　石塚株式会社

---

-コンビニ、スーパー、ディスカウントショップ向けに、

ビニールカーテンによる電気代高騰対策として販売好調!!-

### 冷却効率高め省エネ効果が見込める「eco スリットカーテン」が
### 僅か 5 か月で導入店舗 200 店舗を超え、販売目標の 2 倍を達成

---

　ビニールカーテンなどプラスチック製品で職場と環境の改善に取り組む石塚株式会社（本社：東京都千代田区、代表取締役社長：熊谷弘司、以下石塚）は、電気代高騰への対策を目的にコンビニエンスストアやスーパーマーケットなど小売業向けの冷気や熱を逃がしにくくするビニールカーテン「eco スリットカーテン」を開発し、本年 5 月 15 日販売を開始。年内 100 店舗導入目標を僅か 5 か月で 200 店舗を超え、販売目標の 2 倍を達成しました。

【eco スリットカーテン導入先:スーパーシマダヤ社】

■販売好調の要因について

◎電気代高騰の対策が打てない小売店の現状にマッチした商品

　弊社ではこれまで工場向けに、カスタマイズ商品としてビニールカーテンを販売していました。昨今の電気代高騰により、空調効率をはじめとする省電力化を目的としたビニールカーテンの問い合わせが、2023 年 1 月から 9 月に昨年同月比で約 5 倍に増えていました。

　また、これまで省電力化を目的とした需要がなかったコンビニエンスストアやスーパーマーケットといった小売業からも購入依頼の問い合わせを多くいただきました。

　そこで今回、小売業向けにカスタマイズではない規格品として商品化に至り支持を頂きました。

◎小売店舗で最も電気代がかかるのが冷蔵ショーケース。その対策効果が見込める商品として注目が集まる。

　東京都環境局によると、コンビニエンスストア全体の電気代の 30%以上は冷蔵冷凍設備によるもので、都内の平均的な 1 店舗の年間電気料金は約 334 万円といいます。

　ショーケースを覆う冷気が店内に漏れ出すのを防ぐことで節電になり、「温度設定を 2～3℃変えると電気料金を約 25%削減できる」と考え開発いたしました。

　出典：　東京都環境局 東京都地球温暖化防止活動推進センター

　https://www.tokyo-co2down.jp/assets/company/seminar/type/text/conveni201303.pdf

1

---

目標額をいつの時点で達成できたのか，達成できた要因，今後の計画や抱負についてまとめています。

## （2／3枚目）

**石塚株式会社**

「ecoスリットカーテン」設置により設定温度1℃の差で約13％の節電を実現します。

◎**誰でもセルフで簡単に設置が可能。**
　大掛かりな設置も不要です。設置箇所は①引っ掛け穴2ヶ所とマジックテープ2ヶ所②オプションでフック付マグネット（別売り）。により、どのようなタイプの冷蔵ショーケースでも設置が簡単にできるように開発しています。

◎**低価格と簡便性により導入に加速**
　価格も 僅か4,980円／枚(税抜き)。またECサイト(Amazon、モノタロウ)でも購入できます。

◎**夏場だけではなく、冬場の電気代高騰対策としても効果があることが判明し導入が決定**
　当初は夏場の節電対策として導入検討をされていたお客様が、効果検証をする中で、夏場の電気代高騰対策だけではなく、冬場においても電気代高騰対策としても効果があることが判明しました。結果として、通年での対策として効果が期待できると導入をいただきました。

◎**当初想定のコンビニやスーパーの他に、サービスエリアや道の駅、地方自治体のアンテナショップといった多岐にわたる業種にまで関心を持って頂き、販売が拡大しました。**

■**今後の主な取り組み**
　現在、一般家庭向けに商品化を検討中で、年間で1,000枚の販売を計画しております。

■**「ecoスリットカーテン」概要**
製品名：ecoスリットカーテン
発売日:2023年5月15日
価格：5,478円（税込み）/枚
大きさ：1枚幅60センチ×高さ170センチ　厚さ0.5ミリ
仕様：結露防止のため直径1.5ミリの穴が空いています。
活用の効果：冷蔵食品や冷たい飲み物用の冷蔵ショーケースに取り付けることで冷気を逃しにくくし、冷却効率を高めることで省エネ効果を発揮します。
販売方法:ルート販売、Amazon、モノタロウ

【**会社概要**】
会 社 名:▉▉▉▉▉▉
本社所在地:▉▉▉▉▉▉▉▉▉▉
設 立 日:▉▉▉▉▉▉
資 本 金:▉▉▉▉
代 表 者:▉▉▉▉▉▉▉
従 業 員 数:▉▉▉▉▉▉▉▉
年 商:▉▉▉▉▉▉▉▉▉
事業内容:1.▉▉▉▉▉▉▉▉▉▉▉▉▉
事業内容:2.▉▉▉▉▉▉▉▉▉▉▉▉
　　　　:3.▉▉▉▉

2

> 反響の大きさから，次の取組として，BtoBだけでなく，BtoCに展開していくことを明らかにしています。

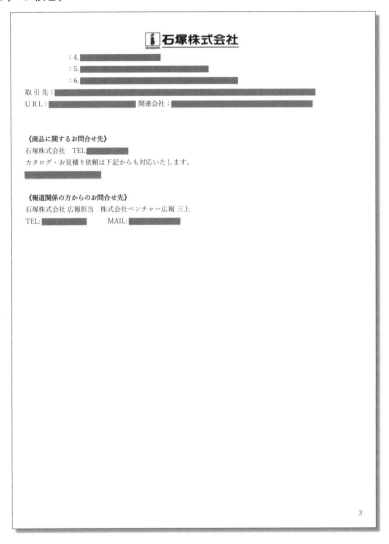

実績を紹介する例として，もう1例挙げます。株式会社TENTIALは，話題のリカバリーウェアメーカーです。

## （1／3枚目）

---

**TENTIAL**　　　　　　　　　　**Press Release**

2022/06/09

### ウェルネスブランド「TENTIAL」で人気の「BAKUNE」シリーズが ビックカメラグループ全国25店舗で販売開始
**家電量販店初の取り扱い、EC好調で主要店舗に一斉導入**

2022年6月より、ウェルネスブランド「TENTIAL」の人気製品「BAKUNE」シリーズをビックカメラグループ全国25店舗で販売開始します。家電量販店では初の取り扱いです。

**挑戦する人の心身に寄り添うサービスや製品をウェルネス領域で展開する株式会社TENTIAL（所在地：東京都中央区、代表取締役CEO：中西裕太郎、以下テンシャル）は、2022年6月より家電量販店ビックカメラグループ全国25店舗にてウェルネスブランド「TENTIAL」BAKUNEシリーズの販売を開始いたします。**

TENTIALはD2Cとしてブランド展開しオンライン販売比率が約8割ですが、実際に製品を手に取りたいというお客様も一定いることから、リアル販売も強化しております。ビックカメラでは5月初旬より先んじてオンラインサイト「ビックカメラ・ドットコム」にて販売したところ、好調な売れ行きだったことから、全国25店舗での導入が決定いたしました。

ビックカメラは「お客様の購買代理人として　くらしにお役に立つくらし応援企業であること」をパーパスとして掲げ、お客様の睡眠環境をより良くする様な商品の取扱強化およびご提案をしております。

この度取り扱いいただく製品は、リカバリーウェア「BAKUNE」から夏用の「BAKUNE Dry」各種、BAKUNEと同じ繊維を用いた「BAKUNE EYE-MASK」「BAKUNE HARAMAKI」のアクセサリ類です。BAKUNEシリーズは一般医療機器届出の機能繊維「SELFLAME®」を用いた、睡眠・休息時の血行促進、疲労軽減などが期待できる製品です。クラウドファンディング「Makuake」では目標金額3,000%を超える支援をいただき、楽天ランキング3冠、Amazonベストセラーを獲得、累計販売数4万枚以上の人気シリーズです。

今後も、TENTIAL製品をリアルに触れられる場を増やし、ひとりでも多くのお客様に最適な形でTENTIAL製品を届けて参ります。

【このリリースに関する問い合わせ先】担当：　　　電話：　　　　　　　　　　メール：　　　　　　

1

---

> 販路拡大をメインにしたプレスリリースです。人気製品「BAKUNE」シリーズの販売先サイトの実績や累計販売数を明確にしています。

（2／3枚目）

**TENTIAL**　　　　　　　　　　　　　**Press Release**

## PRODUCT｜取り扱い製品

- ・BAKUNE Dry（半袖）
- ・BAKUNE Dry（長袖）
- ・BAKUNE EYE-MASK
- ・BAKUNE HARAMAKI

## SHOP｜導入店舗一覧 ※一部店舗によっては商品展開が遅れる場合もございます

・北海道
ビックカメラ札幌店
・栃木県
コジマ×ビックカメラ栃木店
・埼玉県
コジマ×ビックカメラ越谷店、コジマ×ビックカメラニトリホームズ宮原店
・千葉県
コジマ×ビックカメラ流山おおたかの森店
・東京都
ビックカメラ池袋本店、ビックカメラ立川店、ビックカメラ有楽町店、ビックカメラＪＲ八王子駅店、ビックカメラ新宿東口店（ビックロ）、ビックカメラ新宿西口店、ビックカメラ赤坂見附駅店、ビックカメラ町田店、コジマ×ビックカメラ成城店
・神奈川県
ビックカメラ藤沢店、ビックカメラ ラゾーナ川崎店、コジマ×ビックカメラ梶ヶ谷店、コジマ×ビックカメラ港北東急S.C.店
・静岡県
コジマ×ビックカメラ沼津店
・愛知県
ビックカメラ名古屋JRゲートタワー店、ビックカメラ名古屋駅西店
・京都府
ビックカメラ京都駅店
・大阪府
ビックカメラなんば店
・福岡県
ビックカメラ天神２号店
・鹿児島県
ビックカメラ鹿児島中央駅店

【このリリースに関する問い合わせ先】担当：▭ 電話：▭ メール：▭
▭　　　　　　　　　　　　　　　　　　　　　　　　　　2

販売先について詳しく掲載しています。

104

**（3／3枚目）**

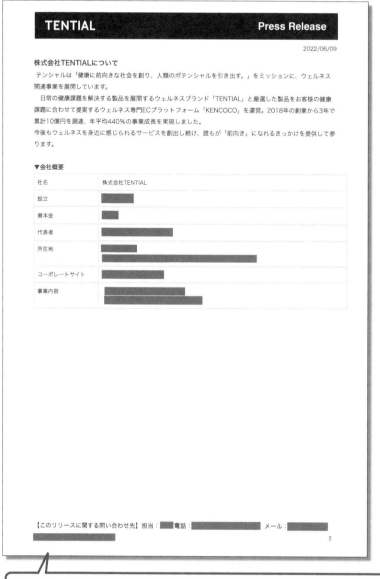

企業目的について述べています。TENTIALのコーポレートサイトでは,
多くの報道実績が紹介されています。

人材採用や福利厚生を紹介（株式会社アシロ／株式会社haco mono）

福利厚生の一環で新しい制度を立ち上げたり，珍しい制度を採用したりしたときも，プレスリリースを配信しましょう。例としては，以下のようなものです。面白い制度の場合，先駆けて導入することで話題になる確率は高くなります。

- 全社員の給料を20％アップした
- 失恋した社員のために，失恋休暇を導入した
- 定年退職の撤廃を行った

また，毎年恒例のイベントも，情報発信の材料になることがあります。

靴磨きに使用するクリームで有名なコロンブスは，入社式で新入社員が靴磨きを実施しています。毎年恒例のこの行事は，メディアにも頻繁に取り上げられています。

このようにして，業種とイベントをうまくコラボさせることでも，取材オファーが舞い込む可能性は高まります。

次に挙げる株式会社アシロは，法律・弁護士業界とインターネットを結び付けた事業を展開している上場企業です。「ベンナビ」を中核事業としています。

同社では若い人材を積極的に採用しているため，そのニーズに合った制度を導入していることを世間にアピールしています。

**（1／1枚目）**

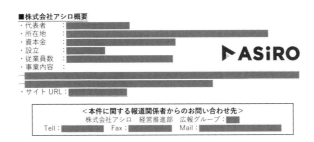

NewsRelease ▶ASiRO

報道関係者各位

2023年6月1日
株式会社アシロ

### 新たな休暇制度「ウェルビーイング休暇」と「結婚休暇」を導入
～従業員のプライベート充実により多様なキャリア形成を補助～

**株式会社アシロ（本社所在地：東京都新宿区、代表取締役社長：中山博登、東証グロース市場証券コード：7378）**は、2023年6月1日（木）に、新たな休暇制度として「ウェルビーイング休暇」と「結婚休暇」の2つの休暇制度を新たに導入することを決定しました。

本制度は従業員の自己研鑽・キャリア形成・私生活など、個人の多様なライフスタイルの実現を図ることを目的とした制度です。

当社は今後も、新規制度の導入や既存制度の改定を積極的に進めていくことで、更なる企業成長や労働環境の整備に努めてまいります。

**■「ウェルビーイング休暇」の概要**
「ウェルビーイング休暇」とは、従業員に対して1年につき原則3日間の休暇を付与する制度です。対象は正社員・アルバイトなどアシロで働く社員を対象にしており、法定年次有給休暇と同様に有給での休暇としています。

当社のビジョン「関わる人を誰よりも深く幸せにする」の体現に向けた、従業員自身又は家族の幸せのために取得してもらうことを企図した休暇制度となります。なお、本休暇制度は半日単位で取得が可能です。

**■「結婚休暇」の概要**
「結婚休暇」とは、従業員が結婚する場合、入籍時の勤続期間に応じて最大5日間（公休日をまたいだ取得も可能）、有給での休暇を入籍日又は挙式日から1年以内の間に取得することができる休暇制度となります。なお、該当者は「結婚休暇の取得」に代わって、「結婚祝金の支給」を選択することも可能です。

**■株式会社アシロ概要**
・代表者
・所在地
・資本金
・設立
・従業員数
・事業内容

▶ASiRO

・サイトURL：

＜**本件に関する報道関係者からのお問い合わせ先**＞
株式会社アシロ　経営推進部　広報グループ：
Tell：　　　　　Fax：　　　　　Mail：

1枚でシンプルにわかりやすくまとめています。働きやすい環境をつくるため，独自の福利厚生に取り組む企業として好感度を高く見てもらえます。

もう１つ，人材採用のプレスリリースを挙げます。株式会社hacomo-noが，著名なコンディショニングトレーナーをフィジカルコーチとして迎えたことをアピールしています。

**（1／4枚目）**

May 12th, 2021.

### 【IT業界初】hacomonoにコンディショニングトレーナーとして
### 青学駅伝チームフィジカルコーチ
### 「中野ジェームズ修一」氏が就任し、ウェルネス経営を加速
-中野氏が主宰する会員制パーソナルジムCLUB100と連携-

月謝制サブスク店舗のための次世代 会員管理・予約・決済システム「hacomono」（https://www.hacomono.jp ）は、2021年4月より従業員のコンディショニングトレーナーとして中野ジェームズ修一氏が就任したことをお知らせいたします。中野氏が主宰する会員制パーソナルジムCLUB100と連携し、様々なウェルネス経営への施策に取り組みます。

■中野ジェームズ修一プロフィール

PTI認定プロフェッショナルフィジカルトレーナー
米国スポーツ医学会認定運動生理学士
（株）スポーツモチベーション　最高技術責任者
（社）フィジカルトレーナー協会(PTI)　代表理事

# （2／4枚目）

May 12th, 2021.

「理論的かつ結果を出すトレーナー」として数多くのトップアスリートやチームのトレーナーを歴任。特に卓球の福原愛選手やバドミントンのフジカキペア（藤井瑞希選手・垣岩令佳選手）の個人トレーナーとして広く知られている。2014年からは青山学院大学駅伝チームのフィジカル強化も担当。ランニングなどのパフォーマンスアップや健康維持増進のための講演、執筆など多方面で活躍。近年は超高齢化社会における健康寿命延伸のための啓蒙活動にも注力している。

自身が技術責任者を務める東京神楽坂の会員制パーソナルトレーニング施設「CLUB100」は、「楽しく継続できる運動指導と高いホスピタリティ」で幅広い層から支持を集め活況を呈している。

主な著書に『医師に運動しなさいと言われたら最初に読む本』（日経BP）『青トレ』（徳間書店）などベストセラー多数。NHK趣味どきっ！柔軟講座でもおなじみ。

■「1億総ウェルネス社会へ」ウェルネス経営のリーディングカンパニーを目指す

日本における高齢化社会・生活習慣病患者増に伴う社会課題に加えて、コロナ禍でのリモートワーク増による健康問題が今後露呈することが想定されます。定期的な運動やストレッチ習慣は、体力面や体の柔軟性を維持するだけでなく、自律神経を整えるメリットがあるため、働く人の生産性低下を防ぐ役割も期待できます。

フィットネスクラブなどウェルネス業界向けのSaaSプロダクトを提供するhacomonoは、フィットネス業界と共に企業のウェルネス経営を啓蒙すべく、以下の理由からウェルネス経営の取り組みを加速させていただきます。

＜ウェルネス経営（健康経営）の取り組みを加速させる理由＞
・リモートワークにおける従業員の運動不足解消、体力低下の抑制
・仕事におけるパフォーマンス向上
・体や運動に関する正しい知識を得る
・フィットネスクラブ業界の価値が企業経営で重要であることを証明

■hacomonoにおける具体的な健康経営の取り組み内容

1) 毎朝20分程度のオンライングループトレーニング・ストレッチ
2) 月1回、中野氏によるコンディショニングセミナー（座学）
3) パーソナルトレーニング無料受講
4) 産前産後トレーニング・骨盤調整無料受講

中野氏の実績について詳細に書くことで，会社のブランディグになります。健康経営をアピールすることは，採用広報として有効です。

May 12th, 2021.

▲毎朝20分程度のオンライングループトレーニング・ストレッチの様子

▲パーソナルトレーニングの様子

具体的に写真を掲載することで、「何をするのか」具体的なイメージがつきます。

**（4／4枚目）**

May 12th, 2021.

**■hacomonoについて**

「hacomono」はリアル店舗における予約・決済や入会手続きがお客様自身のPCやスマホ端末からオンラインで完結し、店頭での事務手続きや支払手続きが簡潔になるクラウドサービスです。店舗側では月謝引き落としや未払徴収に関するオペレーションも自動化され、スタッフ業務の大幅省力化を図ることができます。

株式会社hacomono

お問い合わせ：広報担当

> 最後に，株式会社hacomonoについて写真を用いてシンプルに説明しています。

**資金調達の報告（株式会社クラウドケア）**

　小さな会社やベンチャー企業にぜひ取り組んでいただきたいのが，資金調達についてのプレスリリースです。

　大きな会社の場合，信用もあり，取引銀行からの資金調達は容易かと思います。一方で，ベンチャー企業はなかなかお金を借りられないのが実情です。だからこそ，投資会社から資金調達ができた際には，積極的にプレスリリースで発表するようにしてください。資金を調達できたということは，「信頼がある会社」「リターンを返せるくらい力のある会社」ということです。ぜひ，世の中にアピールしていきましょう。

　このようなプレスリリースを発信すると，時には，日本経済新聞のスタートアップ面で掲載されることがあります。報道を獲得できれば，さらなる融資を呼び込める可能性があります。メディアへの露出と同時に，新たなチャンスを掴むことができるのです。

　資金調達についてのプレスリリースを配信する際，以下のような内容を盛り込みましょう。

- 調達金額
- 調達シリーズ
- 資金を提供した企業先
- 調達の目的
- 会社の今後のビジョンや展望

　次に挙げる株式会社クラウドケアは，シェアリングエコノミー型（クラウドソーシング）の訪問介護・家事・生活支援マッチングプラットフォームを運営しています。低価格で利用できる介護保険外の自費訪問ヘルパーのサービスです。同社が初めて外部から資金調達を受けた際のプレスリリースを紹介します。調達金額にもよりますが，日経新聞やBRIDGEなどに情報提供するとよいでしょう。

**（1／4枚目）**

PRESS RELEASE

報道関係各位

株式会社クラウドケア (CrowdCare)

## 介護スキルシェアの「クラウドケア」、総額1.1億円の資金調達を実施

初めて外部から資金調達を実施、事業展開のスピードアップを図る

シェアリングエコノミーの訪問介護・家事・生活支援マッチングサービス「CrowdCare(クラウドケア)」を運営する株式会社クラウドケア(本社：東京都渋谷区、代表取締役CEO：小嶋潤一)は、慶應イノベーション・イニシアティブ（KII）が運営する「KII2号投資事業有限責任組合」をリードに、basepartnersが運営する「basepartners2号投資事業有限責任組合」、および金融機関からの借入から、総額1.1億円の資金調達を実施したことを発表いたします。

● 資金調達の概要・目的

下記ベンチャーキャピタルが運営するファンドを引受先に第三者割当増資を実施しました。

・株式会社 慶應イノベーション・イニシアティブ（本社：東京都港区、代表取締役社長：山岸広太郎）
・株式会社 basepartners（本社：東京都渋谷区、代表パートナー：外川穣・山口丈寛）

今回の資金調達により、高齢者・障がい者層も含めて誰もが利用しやすいよう継続したシステム開発とカスタマーサクセスの強化に伴う人材の採用、介護保険外サービスの認知度UPや依頼者獲得のためのマーケティングの強化、首都圏以外へのサービス提供エリア拡大を目指してまいります。

介護のシェアリングエコノミーサービスの先駆者として2016年にサービスを開始して以降、これまで自己資金のみで運営してきましたが、今回初めて外部からの資金調達を実施し、事業展開のスピードアップを図ってまいります。

● 自費訪問介護ヘルパーの「CrowdCare(クラウドケア)」について

クラウドケアは、シェアリングエコノミー型(クラウドソーシング)の訪問介護・家事・生活支援マッチングプラットフォーム「CrowdCare(クラウドケア)」を運営しており、低価格でご利用いただける介護保険外の自費訪問介護ヘルパーのサービスです。

介護人材不足は深刻な社会問題となっておりますが、「CrowdCare(クラウドケア)」ではこれまで介護職として働いている方はもちろんですが、介護の仕事から離れてブランクがある方、未経験の方も、隙間時間を使って自分のスキルや都合に合わせて働くことが可能です。案件ごとに依頼者とヘルパーをマッチングして空き時間に働けるようにし、貴重な人材

資金調達の目的・概要，今後の展開についてわかりやすくまとめています。

をシェアしていく仕組みとなります。

※シェアリングエコノミーとは、個人が保有するスキル・モノなどを必要な人に提供や共有したり、インターネットを介して個人間で取引する新しい形態のサービスを指します。

▼介護サービスの当たり前を変えた、ネットで介護を頼める訪問介護マッチングサービス「CrowdCare」が生まれた理由
https://prtimes.jp/story/detail/ErQgowsXvLB

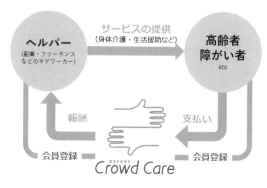

クラウドケアの仕組み

・投資家からのコメント

・慶應イノベーション・イニシアティブ（KII）：代表取締役社長　山岸 広太郎

2025年には3人に1人が65歳以上、5人に1人が75歳以上と推計されており、住み慣れた地域で自分らしい暮らしを人生の最後まで続けるための地域包括ケアシステムの構築が急がれています。
一方で、介護業界には、介護保険料の増大や介護人材の不足など多くの課題が存在しています。
介護の現場を理解し、また地域包括ケアシステムの研究をされていたお二人が創業されたクラウドケアがこれらの課題を解決してくれることを期待しています。

> 投資家からのコメントを掲載することで，株式会社クラウドケアの将来有望度がわかりやすくなります。

## （3／4枚目）

・慶應イノベーション・イニシアティブ（KII）：シニアアソシエイト　山下 紘史

この度出資させて頂くと同時に社外取締役に就任させて頂くことになりました。
介護が必要になっても自宅で自分らしく暮らし続けるために、介護保険外サービスの充実が必要とされています。
介護業界と介護保険制度とITの知見をもつ共同創業者の小嶋さん、桐山さんは、クラウドケアのサービスを広く浸透させてくれると確信しています。今後、同社の成長に貢献して参ります。

・basepartners：共同代表パートナー　山口 丈寛

創業者の小嶋さん、桐山さんの情熱的かつ丁寧なサービス造りに魅了され、この度クラウドケアへの投資をさせて頂くことになりました。
お二人の挑戦が、多くの人々を幸せにしてくれることを期待し、微力ながら共に歩んでいきたいと思います。

● 株式会社クラウドケアについて

「ケアを通して、多くの人々を幸せにする」というミッションを掲げ、2016年12月に株式会社クラウドケアは、シェアリングエコノミー型(クラウドソーシング)の訪問介護・家事・生活支援マッチングプラットフォーム「CrowdCare(クラウドケア)」の運営を開始しました。

2017年11月に「シェアリングエコノミー認証マーク」を取得。「シェアリングエコノミー認証マーク」は、そのサービ

> 株式会社クラウドケアについて，写真やロゴを用いて説明することで，視覚的にわかりやすくしています。

スが内閣官房IT総合戦略室が策定したモデルガイドラインの遵守すべき事項を基にシェアリングエコノミー協会が策定した自主ルールに適合していることを示すものです。

【取扱サービス】
・訪問介護・家事・生活支援サービス　1時間あたり2,500円〜3,000円（税別／交通費別）
・買物お助けサービス（買物代行）　　1ヶ所あたり500円（税別／交通費別）

【会社概要】
商号　　：株式会社クラウドケア
代表者　：
所在地　：
事業内容：
設立日　：
URL　：

株式会社クラウドケア (CrowdCare)のプレスリリース一覧

【本プレスリリースに関するお問い合わせ先】
株式会社クラウドケア
担当　　：
電話　　：
メールアドレス：

第5章

# 準備した情報を売り込む

# いざ，メディアにアタック！

## 各媒体を研究することで，確率が上昇

　第1章から第4章まで，広報の仕事の本質やメディアの視点，情報の組み立て方についてお伝えしてきました。準備ができたら，いよいよメディアにアプローチを開始します。

　ただし，プレスリリースがあるからといって，やみくもに情報を売り込むのは避けましょう。まずは各媒体を研究し，適切な担当者に最適な情報を提供することを目指します。こうすることで，報道獲得の確率が上昇します。担当者の見つけ方については後述します。

## メディアの構造を理解しよう

　アプローチする前に，メディアの構造を理解しましょう。次の図は各メディアの影響力・報道獲得の難易度と媒体数についてまとめたものです。露出した場合の影響力をみると，テレビや全国紙が上位ですが，難易度は高くなります。下位には，Webや業界紙・誌が位置づけられ，影響力は低いですが，媒体数が多く難易度は低くなります。狙うべきは下位からとなります。

＜メディアの構造＞

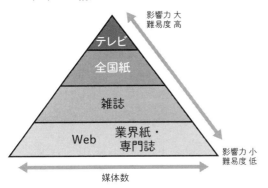

## 売り込み時の広報・PRの作法

　メディアに対して知らずに「タブー」な行動をとってしまうと，壁を
つくられてしまうことがあります。会社の名前を背負う身としては気に
なるところで，「電話のかけ方がわからない」「取材が決まったけれど，
どのように進めていくべきか悩んでいる」といった相談を広報・PR初
心者の方からよく受けます。

　そこで，私がよくいただくご質問とその回答をまとめました。

---

**広報・PRの作法①**　「ご挨拶に行きたい」はNG？

**Q**　「記者にコンタクトが取れたので，『ご挨拶に行きたい』と言ったら，
　　困惑されてしまいました」

**A**　「記者がほしいのは『ご挨拶』ではなく『情報』です」

　広報初心者の方によっては，メディアの担当者とつながった際，「ご
挨拶に伺いたい」と言ってアポイントを取ろうとしてしまうことがある
ようです。

---

たしかに，営業職などの場合は新しいクライアントに対して挨拶に行くことはよくあることです。そのため，初めての相手には挨拶を，とイメージしてしまうのは仕方がないかもしれません。けれども，基本的に記者に対してはそのような挨拶は不要です。

　記者とつながった際には，「我が社はこういった強みがある」「○○についての情報提供を行いたい」など，ポイントをお伝えし，取材が獲得できるよう誘導します。記者が興味を持ったら，「では，メール宛にプレスリリースを送ってください」「一度取材をさせてください」などの返答が得られるはずです。

　もちろん，以前よりアプローチ先のメディアの編集長にお世話になっていて，新しい編集長に変わったタイミングに「ご挨拶を」という流れは自然です。

　そのほか，よくある失敗が，「ぜひ，我が社を取材してください」と言ってしまう例です。電話があった以上，記者も取材してほしいことはわかっています。記者がその情報に対してあまり興味を示さなかった場合，下手に追い回したところで，鬱陶しく思われてしまうだけです。「△△について，ご興味はありますか」と聞いたうえで，記者の反応がいまひとつであったら，その場は潔く引き下がり，次のチャンスを狙いましょう。

<NGワード言い換え例>
× 「ご挨拶に伺いたい」　➡　○「△△について，情報提供を行いたいのですが」

× 「取材してください」　➡　○「△△について，ご興味はありますか」

## 広報・PRの作法②　電話口で要点をうまく伝えられない

**Q**　「せっかくコンタクトが取れたのに，電話口で情報の要点をうまく
　　伝えられません」

**A**　「すべてを一度に伝えようとせず，最も響きそうなポイントに絞っ
　　て話してください」


　会社の魅力や自社商品の優れた点について，開口ひと言目ですべてを
伝えようとすると，難しいものです。特に，今までになかった新しい商
品やサービスについての情報提供を行う際は，たとえ一生懸命話しても，
相手もすぐに理解ができません。

　例えば，第1章の戦略4でご説明した，インターネットで介護保険外
サービスの依頼ができる「クラウドケア」をメディアに紹介したいとし
ましょう。例えば，「私はIT関係の企業です。介護保険外のサービスを
受けたい顧客と介護士をマッチングするサービスを提供しています」と
言ってしまうとどうでしょうか。なんだかよくわからないうえに，少し
いかがわしい気さえしてしまいます。

　言葉で説明するのが難しい商品や，新しいサービスを紹介する場合は，
まずは「○○についてご存じですか？」と，質問し，様子を伺ってみま
しょう。

　クラウドケアを例とすると，「介護保険外のサービスについてご存じ
ですか？」と尋ね，「知らない」「何，なに？」と反応があったら，ここ
で少し，具体例を出します。

　「新型コロナウイルスのワクチンを打つ時，接種会場へ移動しますよ
ね。あれって実は介護保険外なんですよ」

　「介助が必要な杖歩行ユーザーの人が，好きなアーティストのコン
サートに行くときも，介護保険外です」

　「私はそのような人たちと介護士をつなぐ，社会的意義のあるサービ
スを提供する会社の広報を担当しています」

　ひと言ですべてを伝えようとせず，はじめに興味を引くようなワード

で質問をする。その後，少しずつ具体例を出したり説明をしたりすることで，相手も理解しやすくなります。

---

**記者に来てもらうのはOK？**

**Q** 「記者に『取材のためにお伺いします』と言われました。わざわざ来てもらっても問題ないのでしょうか？」

**A** 「メディアは現場を見たいと思っています。万全の体制でお迎えしてください」

　記者側の視点で考えると，初めて取材する会社はどのような会社なのか，評判はどうなのか，信頼に値するのかなど，不安要素があります。

　もちろん，事前に信用調査会社や会社のHP，SNSなどで確認はしていますが，会社の雰囲気はやはり，訪れてみないことにはわかりません。

　そのため，基本的に記者は取材先の会社を訪れたいと思っています。取材時はメディア側に来てもらって差し支えありません。

　反対に，「我が社が（メディア側）へお伺いします！」と言ってしまうと，「何か隠しているのかな？」「見られたらまずいものでもあるのでは……」と勘繰られてしまいます。

　1社のみに情報を提供する手法のほかに，「記者クラブ」で複数のメディアに一斉に情報を発表する方法もあります。記者クラブは，都道府県庁や市などの公的機関や業界団体などの各組織が取材機構として設けたものです。目的に応じて使い分けるといいでしょう。ただし，1媒体からの独占取材を受けているのにもかかわらず，同じ情報を記者クラブで発表することはできませんので注意してください。記者クラブについては，「PR手帳」や検索サイトで「記者クラブ」と検索すると情報を入手できます。

## 広報・PRの作法④ 原稿を事前に確認することはできる？

**Q** 「原稿は事前に見せてもらえるものなんですか？」

**A** 「原則として確認できないと思っていてください」

　事前に原稿確認を要請するのは，報道に対しての検閲行為となってしまうため，できません。新聞は特にその傾向があります。とは言うものの，最近ではインタビュー記事などの場合，事前に見せてもらえるケースが増えてきました。

　ただし，事前に確認する際も，原稿の訂正は依頼してはいけません。修正を意味する「赤字」を入れてしまったときは，そのメディアとは今後関わりが持てないと考えてください。もちろん，明らかな間違いや，言っていないことを言ったふうに書かれているときは，指摘してもらっても構いません。

　自社の社長から事前確認のプレッシャーがあるときも，なるべく思いとどまってほしいのですが，どうしてもの場合は，「大変恐縮ですが……」と様子を探ってみてください。もしくは，異動間もない業界に精通されていない記者なら，「確認が必要ならお申し付けください」程度の申し出にとどめておきましょう。

　取材時に「オフレコで」というのも好ましくありません。基本的に，話したことはすべて記事になると思っていてください。

### ＜NGワード言い換え例＞

**✗**「事前に原稿を見せてください」

↓

**○**「固有名詞や数値などの確認をするほうがよければ，お申し付けください」

**○**「固有名詞や数値レベルでの確認はできますでしょうか？」

**Q**　「『掲載してください』って言っちゃダメですよね……？」
**A**　「ダメです！　でも，掲載可否を知る方法はあります」

　苦労して取材に漕ぎ着けたのだから，掲載してほしい。その気持ちはよくわかります。けれども，記者にその想いをストレートに伝えてはいけません。

　同様に「掲載誌をください」と言うのもNGです。記者は営業担当でもなければ，広告担当でもありません。それに，雑誌や新聞から取材があった場合，掲載誌を提供いただくということは，その会社の商品をタダでもらうこととイコールです。

　いつ掲載されるのか知りたいとき，もしくは掲載誌がほしいときは「購入させていただきたいのですが」と伝えるようにしましょう。記者からすると，自社の商品について「買いたい」「いつ発売されるのか」と尋ねられたとき，知らせるのは自然の流れです。

　記者によっては「掲載時には1部送りますね」と言ってくれる人もいます。そのようなときは，ありがたく受け取るようにしましょう。

＜NGワード言い換え例＞

✕「掲載してください／掲載誌をください」

◯「購入させていただきたいので，掲載の際はお知らせいただけますか」

## 02

# 新聞社にアプローチをするには

## 広報パーソンの登竜門

著者が新人だった頃は，365日新聞を読んでいました。第4章でお話ししたように，プレスリリースは新聞を意識して情報発信するのが主でした。そのため，新聞を毎日欠かさず読むことは，当時はマストだったのです。

また，新聞は他のメディアと比較して，新聞社内での役割分担が明確です。取材・執筆を行う記者，記者が書いた原稿をチェックし，紙面掲載の可否を決めるデスク，記者の中でもリーダー的存在のキャップなど，業務や役割が細分化されています。そのため，誰にアプローチをすべきかわかりやすく，情報提供の基礎を学ぶことができます。

つまり，新聞社へのコンタクトは，広報パーソンにとっての登竜門のような位置づけだといえます。この点は今でも変わりません。はじめは新聞社からコンタクトを取るようにしていくといいでしょう。

## 新聞社へアプローチ

繰り返し新聞を読んでいると，執筆者の名前を記載した署名記事（記名記事）を目にするようになります。例えば，自社がファッション関係の仕事をしている場合，「ファッション関係については，田中さんという記者が書いていることが多いな」ということがわかるようになるのです。

次に起こすアクションは，新聞社の編集部へ電話で問い合わせをすることです。Webサイトや『広報・マスコミハンドブック PR手帳』から編集部の連絡先を探し，電話をかけます。例えば，「田中記者にファッション関係の情報を提供したい」と伝えたら，引き継いでもらえることがあります。そうして田中記者につながったら，メールアドレスを教えてもらい，メールアドレス宛にプレスリリースと報道基礎資料（第3章）などを添え，送付します。

最近ではfacebookやX（旧Twitter）などのSNSを活用している記者も増えてきています。編集部に問い合わせてもつなげてもらえなかったり，うまく記者がつかまらなかったりしたときは，SNSで直接メッセージを送るのも一つの手です。

## 電話が効果的な理由

新聞社によってはWeb上でプレスリリースの受付フォームを開設していたり，郵送での送付を受理してくれたりするところもあります。けれども，私はまず電話でコンタクトを取ることをおすすめしています。

理由は大きく分けて2つあります。1つは，Webや郵送でプレスリリースを送った場合，情報が本当に目的の記者に届いたのか，読まれたのか，興味を持ってもらえたのか，返事があるまでわからないからです。他社の情報の中に埋もれてしまい，見てすらもらえないことも多々あります。その間も，悶々と待ち続けることになってしまいます。

もう1つは，直接コンタクトを取ることで，その場でメディアや記者の反応がわかるためです。メディア側は今，ファッション業界の情報を求めているのか。用意した情報は，記者にとって価値のある情報になっているのか。メディアは情報提供に関してオープンな姿勢なのかなど，相手のリアクションで判断することができます。もし，興味を持ってもらえなかったら，情報のつくり方を改善すればいいですし，メディアが

情報提供に対して冷たい，いわゆる「塩対応」ならば，他社をあたれば
いい話です。

　このようにしてトライ＆エラーを繰り返していくことで，広報パーソ
ンとしての経験値はどんどん蓄積されていきます。この経験値が，長く
続けていくうえでとても大切なのです。

**＜新聞社へのアプローチ法＞**

全国紙を１週間分まとめてチェックする（できるときを見計らって繰り返す）

自社の業界についての記事を執筆している記者を見つける

新聞社に電話をして記者のメールアドレスを入手する
（もしくは，SNSを活用して記者に直接連絡を取る）

↓

プレスリリースに報道基礎資料を添えて，記者に送る

## 業界紙・誌や地方紙はねらい目！

　いきなり全国紙に情報を持ち込むのはハードルが高いと感じている方
は，まずは業界紙・誌や特定の地域を対象とした地方紙に情報提供を行
うといいでしょう。また，全国紙の中でも各地に拠点を構える地方局の
支局にアプローチする方法もあります。

　全国紙の場合，各地からたくさんのニュースが集まるため，紙面に載
らずにこぼれてしまう原稿がたくさんあります。全国紙を担当している
記者は，毎日「紙面の取り合い」という戦いのさなかにいるわけです。

　一方，業界紙・誌は業界の中のニュースを，地方紙はその土地のネタ
を常に探しています。地方紙の場合，政治面，経済面といった一般的な
ニュースのほかに，「地方面」「地域版」「地域面」といったより地域情

報をカバーする紙面が設けられています。限られた地域の中で独自の話題が見つからなければ，その紙面は空欄となってしまいます。当然，そのようなことはあってはならないので，地方紙を担当している記者は全国紙の記者とは異なり，「紙面を埋めなければならない」という発想が強い印象です。そのため，業界やその土地についてのネタがあると，喜ばれる可能性があります。また，業界紙・誌や地方紙，全国紙の地方局は，少数精鋭で取材・執筆を行っている傾向があるため，記者とダイレクトにコンタクトが取りやすい，という利点もあります。

　業界紙・誌や地方紙での掲載実績が積み重なり，地元エリアでの知名度がアップすれば，全国紙掲載への可能性も高まります。情報提供してもなかなか結果に結びつかない方や，これから初めてメディアにアプローチする方は，まずは業界紙・誌や地方紙での報道獲得を目指してみてください。

**メディアの声**

「地方局の記者は年々人数を減らされている，という実情があります。ネタを見つけるために毎日奔走しているので，情報提供は大歓迎です。」（新聞記者）

03

# テレビ局にアプローチをするには

## テレビのリサーチ方法

　テレビ離れが進んでいると言っても，報道後の影響力が大きいのは，やはりテレビです。そのため，著者のところにも「テレビ番組に出たい」と相談に来られる広報パーソンは非常に多いです。

　そんなテレビのリサーチ方法も，基本的には新聞と同じです。報道ニュース番組，経済番組，情報番組，バラエティ番組，生活情報番組などから，まずは取り上げてもらいたい番組や，報道が獲得できそうなコーナーを探しましょう。

　近年は民間放送や公共放送以外にも，「WOWOW」といった番組を見ることができるBS・CS放送や，J：COMなどが提供しているケーブルテレビと，チャンスが広がっています。

## まずは早送りでターゲット番組をチェック

　もし社長が，「テレビ東京の『WBS』に出たい」と言ったら，まずはWBSを録画します。WBSは月曜日から金曜日にかけて毎日放送されているので，そのすべてを録画してチェックするのです。とは言うものの，WBSはおよそ1時間ある番組です。月曜日から金曜日までの5日分をそのまま見ようと思うと，5時間を要することになります。

　著者はいつもテレビ番組を調査する際，「早送り」でチェックしています。音も出ないくらいのスピードで，「コーナータイトルや絵」だけ

を見ています。その際,「コーナー名」「出演者・企業」「企画内容」を簡単にメモしておきます。こうすることで,新聞の例と同様,曜日ごとのコーナーが把握でき,どのような人が取り上げられているのか,どのような企画なら取材の獲得ができそうか,目星がつけられます。

　著者は毎日番組を録画し,録っておいたすべての番組を土曜日と日曜日の午前中に早送りで確認しています。時間にすると,およそ3〜4時間です。音の出ないテレビにかじりつく姿は家族に不審がられますが,情報のストックはいくらあっても足りないほどです。

## テレビ局への効果的なアプローチ

　テレビ局も新聞と同様,Web上でプレスリリースの受付フォームを開設しているケースがあります。また,番組担当者に直接電話をかければ,意外にもプロデューサーやディレクターとダイレクトにつながることもあります。電話番号は,各局のHPや『広報・マスコミハンドブック　PR手帳』(日本パブリックリレーションズ協会)に記載されています。

　それでは,番組担当者はどのようにして探すのでしょうか。それは,番組最後に出演者や番組制作者,スポンサー名などが流れるテロップ(クレジットタイトル)をチェックすればわかります。テロップを見ていると,プロデューサーやディレクターの名前が記載されています。そのほかにも「制作協力」「制作」という形で,テレビ局とは別の会社名が流れることがあります。

　例えば,『カンブリア宮殿』を放送しているのはテレビ東京ですが,実際に番組を制作している会社には別の会社も存在します。テロップを見て制作している会社が別にあることがわかったら,制作会社のほうに連絡をするという手段もあります。制作会社のほうが比較的担当者がつかまりやすく,情報に対するジャッジもスピーディーです。

　また,テレビ番組の台本を書く「放送作家」「脚本家」や,番組のた

めの情報集めを行っている「リサーチ会社」「リサーチャー」の人たちに情報提供を行うこともできます。たとえプロデューサーやディレクターがつかまらなくても，制作に携わる人にアタックすることで，番組の企画会議の際に提案してくれる可能性があります。

テレビは，どんなに素晴らしい画期的な取組でも，『絵＝映像』が材料として必要になります。プレスリリースでは，自社の商品を使うとどんな映像（人・モノ・スポットなど）が撮れるのかをアレンジするのも効果的です。

**＜テレビ局へのアプローチ法＞**

放送を獲得したい番組を録画してチェックする

↓

番組最後に流れるテロップから，アプローチする人を見つける

↓

テレビ局，もしくは制作会社などに電話をしてメールアドレスを入手する

↓

テレビ局や制作会社がつかまらないときは，放送作家やリサーチャーに連絡する

↓

プレスリリースに報道基礎資料を添えて，担当者に送る
※過去に紙やWeb媒体で掲載された記事も資料としては有効

# 04

# 雑誌にアプローチをするには

## 雑誌のリサーチ方法

　新聞は毎日発行されることから，速報性が重要視されます。一方，雑誌は週刊，月刊，季刊と新聞よりも長いスパンで制作・発行されます。そのため，雑誌はニュース素材を独自の視点で掘り下げて解説を盛り込んだり，娯楽性にウエイトを置いたりして，情報を編集しながら報道しています。世の中にはビジネス誌もあれば，女性・男性誌，モノ・トレンド誌，スポーツ誌，ファッション・コスメ誌，生活情報誌，業界に特化した業界誌とさまざまなジャンルの雑誌が存在します。雑誌がカバーしている領域は，ニュース，社会動向，経済，文化，美容，健康，食，旅，ライフスタイルと多岐にわたります。

## 購読からすべてが始まる

　まずは，これまでご説明した新聞やテレビと同じく，報道を獲得したい雑誌を見つけて，購読するようにしてください。編集方針や誌面の構成，毎週もしくは毎月どのようなコーナーがあるのかをチェックしましょう。一定期間購読していれば，定期的に掲載される企画があることがわかったり，新しくできたコーナーやなくなってしまったコーナーに気づいたりすることができます。また，新聞に比べるとフリーのジャーナリストやライターも多く執筆していますので，編集・記者だけでなく執筆者などをリサーチしてアプローチすると報道確率が高まります。

# 雑誌編集部への効果的なアプローチ

　雑誌によっては，編集体制を誌面で公開している場合があります。特にわかりやすいのが，『日経ビジネス』（日経BP），『週刊ダイヤモンド』（ダイヤモンド社），『週刊東洋経済』（東洋経済新報社）です。これらの雑誌は，編集長や副編集長，デスク，記者といった体制がすべて書かれています。そこに記載されている名前に基づき，誌面内の署名記事を見れば，誰がどの分野を担当しているかの検討がつきます。

　雑誌で担当者を探す際に，活用していただきたいのが「電子版」です。上記の雑誌の例で言うと，「日経ビジネス電子版」（日経BP），「ダイヤモンド・オンライン」（ダイヤモンド社），「東洋経済オンライン」（東洋経済新報社）といった電子版があります。電子版では，雑誌に掲載されている記事をはじめ，電子版独自のオリジナル記事を読むことができます。

　紙の雑誌はどうしても誌面スペースに限りがあります。そのため，原稿を執筆した記者については名前のみの掲載であることがほとんどです。一方で電子版は，そのような制限がありません。そのため，記者の名前はもちろん，どの分野の取材を担当しているのかなど，プロフィールについても記載されています。自社の業種・業態にマッチした記者を探しやすいのです。

　このようにして，記者や編集者の名前がわかったら，まずは出版社に電話でコンタクトを取ります。その際，「○○というファッションの特集を組まれていましたね。情報提供をしたいのですが」というふうに，「読んでいます」とアピールすることが大切です。

　これまで何度もお話ししたように，情報提供を行う広報パーソンとメディアの関係は対等です。けれども，雑誌を「読んでいる」と言われた瞬間，出版社にとって広報パーソンは「お客さま」になります。出版社側からすると，むげにはできなくなってしまうのです。

　雑誌の場合，編集長が変わると編集方針もガラリと変わることがあり

ます。そのため，情報を持ち込む際には都度最新号をチェックし，編集長に変更がないか確認するようにしましょう。編集長が変わることは，広報パーソンにとって悪いことばかりではありません。例えば，過去に一度アプローチをしたものの，反応が薄かった場合です。編集長が変わったことにより，編集方針や担当も変更になり，同じ情報でも興味を持ってもらえる可能性があります。

　情報提供を行うタイミングについて，月刊誌の場合，およそ2カ月前には企画が決まるという点に注意してください。例えば，夏に向けた商品の情報提供をしたいと思ったら，5月のゴールデンウィーク前にはコンタクトを取るようにしましょう。週刊誌の場合は約1カ月前までにはアプローチをします。

＜出版社へのアプローチ法＞

掲載を獲得したい雑誌を購入してチェックする

↓

自社の業界についての記事を執筆している記者や編集者を見つける

↓

電子版からも情報を探す

↓

出版社に電話をして記者や編集者のメールアドレスを入手する

↓

プレスリリースに報道基礎資料を添えて，記者や編集者に送る

**メディアの声**

「私は「いつも読んでいます。○○についての情報提供を行いたいので，編集長をお願いします」と言われたら，基本的に電話口に出ます。一方，他社では出ないところもあるようです。人によるところはあるので，一度アプローチしてみてください。」（雑誌編集長）

「時々，広報パーソンの方からお手紙をもらうことがあるのですが，宛名が前の編集長の名前のままだったりすることがあります。やっぱり残念な気持ちになるので，情報提供を行う際は，最新号で編集長の名前を調べたほうがいいと思います。」（雑誌編集長）

# 05

# Webメディアにアプローチをするには

## Webメディアのリサーチ方法とアプローチ

　新聞に次いで掲載のチャンスがたくさんあるのが，Webメディアです。年々，媒体も増え，その勢いはとどまるところを知りません。一度掲載されると，Yahoo!などのポータルサイトに転載される可能性もあり，相乗効果も期待できます。メディアの人たちも，新聞＋Webメディアでリサーチを行っているため，実績ができれば他の媒体からも声がかかる可能性があります。

　媒体が多岐にわたる分，どこに情報提供をすべきか悩む人もいるかもしれません。そこで私は，Yahoo!やGoogleニュースなどのポータルサイトから，掲載元となるメディアを探すようにしています。

## リサーチすべきメディア

　ポータルサイトからメディアをリサーチする際，おすすめしているのが以下のサイトです。

- SmartNews（スマートニュース）
- ニュースパス（KDDI）
- グノシー（Gunosy）
- LINE NEWS（LINE）
- NewsPicks（ニューズピックス）※編集機能のある媒体

　これらのサイトは，自社以外の媒体の記事を多く転載しています。情報提供は，そのおおもとの媒体に行います。つまり，「NewsPicks」で自社の業界に関する記事を見つけた際，その記事の掲載元が講談社の「現代ビジネス」なら現代ビジネスに。アイティメディアの「ITmediaビジネスオンライン」なら，そちらにアプローチをします。

　ポータルサイトによっては，ポータルサイトのオリジナル記事を掲載しているケースもあります。けれども，そもそも記者がいなかったり，情報提供の間口が開かれていなかったりするところもあります。基本的には，ポータルサイトに記事が転載されている，掲載元のメディアに情報提供をするようにしましょう。

　Webメディアと新聞，テレビ，雑誌との大きな違いは，Webメディアは基本的に情報提供先の電話番号が公開されていない点です。そのため，Webメディアの場合はプレスリリースの受付フォーム宛に情報を送信します。プレスリリースは複数の会社に同時に送っても問題ありません。

　もちろん，電話番号やメールアドレスが記載されている場合は，そちらからコンタクトをとっても構いません。

**＜Webメディアへのアプローチ法＞**

ポータルサイトから掲載を獲得したいメディアを探す
↓
記事が転載されているメディアのページへ飛ぶ
↓
プレスリリースの受付フォーム宛に情報を送る
↓
自分だけの「成功の法則」を手に入れる

## 電話を嫌う人が多いのも特徴

　各メディアへの最初のアプローチは電話で，とお伝えしてきました。その理由は「新聞社への効果的なアプローチ」でもご説明した通り，直接コンタクトを取ることで，メディアや記者の反応が肌で感じられるためです。そうした経験を蓄積すればするほど，「この記者にはこんな情報が喜ばれる」「こう伝えたほうが親切なのでは」ということがわかるようになってきます。

　しかし，メディアの人によっては電話を嫌う人もいます。そういった相手のパーソナリティーを踏まえ，メールなのか，FAXなのか，郵送なのか，自身の判断に基づき，最適な方法で情報を提供できるようになれば，立派な広報パーソンです。メディアやそこで働く人は千差万別です。電話がいい人もいれば，メールを好む人もいます。中には，FAXだけは必ず目を通す人もいます。もし，さまざまな方法でメディアにアプローチした結果，電話よりFAXのほうが反応あると感じたならば，今後そのようにすればいいのです。大切なのは，自社なり，あなたなりの成功法則を見つけることです。

　私も新人時代は電話に慣れていませんでした。先輩が電話をかけている内容をメモし，極力その話し方をマネしました。経験を積んでいくと，記者の関心事や質問内容がわかってきます。それをテレビドラマや映画の脚本のように書き出して文章化するのも効果的です。

　一方で，PR会社によってはプロであるにもかかわらず，マナー違反とされるような広報・PR活動をされているところもあります。メディアに対して，片っ端から電話をかけ，「プレスリリースは届いていますか」「記者会見にはどなたがお越しいただけますか」と担当者を追いかけ回す例です。

　また，メディアにアポイントを取って訪問し，一度に10社以上のプレスリリースを売り込む会社もあると聞きます。担当した記者は，「こん

なにたくさんの情報を一度に整理できない」と不満を漏らしていました。このようなことをしていては，メディアの人たちに煙たがられるのは当然です。

　ただし，時にはメディアに問い合わせをしなければならない局面もあります。それは，広報パーソンが「本当に価値がある」と感じている情報を流したのに，メディアからのリアクションがない場合です。

　先述の通り，メディアには1日に何百件もの情報が寄せられます。せっかく有意義な情報を提供しても，どうしても埋もれてしまうケースがあります。もし，その情報に対して自信を持って「価値がある」と考えているときは，遠慮なくメディアに問い合わせてみてください。

---

### メディアの声

「当社の場合，アルバイトスタッフが前日分のFAXの束を机に置いてくれています。朝出社したとき，ざっと目を通すようにしています。」（雑誌編集者）

「うちのデスクは，プレスリリースの受付フォーム宛に届いたプレスリリースは毎日チェックしていますよ。」（新聞記者）

「せっかく情報をいただいていても，どうしても見落としてしまうことがあります。広報の方から確認のご連絡をいただき『え，そんないい情報を送ってくれていたの？』と初めて気づくこともありました。」（新聞記者）

# おわりに

　新人だった頃，著者は本当に仕事ができませんでした。

　入社したPRエージェンシーでまず任されたのは，朝，会社に来て，クライアントの企業に関する報道をすべてチェックし，記事を切り抜き，台紙に貼ることでした。「クリッピング作業」と言います。全国紙の朝刊，前日の夕刊，スポーツ紙，加えてクライアント関係の業界紙・誌，その週の一般週刊誌にもすべて目を通し，クライアントについて書かれた情報をピックアップするものです。

　当時の私はよく抜け漏れを出してしまい，上司にいつも怒られていました。

　当然，メディアからの評判も芳しくはありません。

　その頃は今では当たり前の「メール」すらなく，プレスリリースはすべて手書きでした。FAXはありましたが，写真は送ることができなかったので，写真と，プレスリリースのコピーを取って，メディア各社に直接持ち込んでいました。

　メディアにプレスリリースを渡し，情報について説明するのも私の仕事でした。しかし，あまりにも説明が下手で，メディアの方にも呆れられていました。メディアから質問をされても，まともな受け答えすらできず，本当にダメダメな広報パーソンでした。

　そんな新人広報パーソンでも，メディアの方々は親切に名刺交換をしてくれました。初めて「〇〇新聞　記者」と書かれた名刺を受け取った時，本当にうれしかったのを今でも覚えています。普段会えないようなメディアの人と会えた。そんな人と名刺交換ができた。もらった名刺が，

とても輝いているように見えました。

　この仕事を苦しく感じていた時もあったのですが，メディアの人と会う時間は楽しく，スキルを磨く場として最も有効な機会でした。

　著者はある時，「メディアの人の名刺を集めよう」と思い立ちました。お恥ずかしい限りですが，トレーディングカード集めのような感覚です。

　そうして出会ったメディアの人の中には，とても親切な方もいました。今では考えられないことですが，私が書いたプレスリリースを，共同通信の記者が添削してくれたこともありました。

　そうするうちに，気がつくと名刺は半年で100枚以上集まっていました。その頃から，著者宛にメディアから問い合わせが入るようになったのです。第2章に登場くださったメディア関係の皆様，そして池上 彰氏とも広報活動を通じてご縁がつながりました。

　なかなか結果が出ない広報活動ですが，続けていればいつか必ず実を結びます。それまで，どうか諦めず，少しずつでも前に進んでください。「継続は力なり」です!!　本書が少しでもお役に立つことができたら，これほどうれしいことはありません。

　最後に，巻頭インタビューをご快諾いただいた池上彰氏，第2章に登場してくださった，松林 薫様（元日本経済新聞社 記者／ジャーナリスト），原 隆様（日経ビジネス電子版 編集長），松林 浩司様（㈱新聞編集センター 代表取締役／「定年時代」編集部 部長），山口 圭介様（週刊ダイヤモンド 前編集長），清水 俊宏様（フジテレビジョンニュース総局報道局報道センター 部長職プロデューサー），金泉 俊輔様（NewsPicks Studios 代表取締役CEO／元NewsPicks 編集長），第4章のプレスリリース事例に協力いただきました企業様，また，編集に協力してくれた朝日新聞出版『週刊朝日』の元編集長 山口 一臣様（現・テックベン

チャー総研 代表取締役CEO)，このような機会を与えてくれたベンチャー広報の野澤 直人代表にこの場を借りて御礼申し上げたいと思います。

## ■著者紹介

### 三上　毅一（みかみ　きいち）

株式会社ベンチャー広報　CKO（Chief Knowledge Officer）
最高知識責任者／シニアPRコンサルタント・マネージャー／広報・PRトレーナー／書籍プロデューサー
ゼロイチ広報　代表コンサル
学校法人事業構想大学院大学ゲスト講師（青山忠靖特任教授ゼミ）

　大学時代から広報・PR業界に入り，キャリアは40年。上場企業から中堅・ベンチャー企業までの広報コンサルティングを手掛け，これまでに500社以上の実績を持つ。また，民間企業のほかにも，自治体，大学，政党，宗教法人，博覧会事務局と，あらゆる組織広報の経験を持つ。
　加えて，"攻めの広報""守りの広報"の経験も豊富で，戦略策定から広報パーソンの教育・育成まで多岐にわたり精通。現在は，BtoBからBtoC企業を幅広く担当したキャリアの中で培った豊富なマスコミ人脈を活かし，広報・PRの指南役としてマネジメントも担当。
　また，生涯現役を掲げ，自身でもクライアントを持ち，現在も広報業務を行っている。
　ゼロイチ広報では，年間のべ200名の広報パーソンに向けた個別コンサルや「広報いろは勉強会」の講師を担当。
　"広報の現場を熟知した"ベテラン広報パーソン。長野県松本市出身。

中小・スタートアップ・ベンチャーのためのPR会社／株式会社ベンチャー広報
https://www.v-pr.net/
広報初心者のためのオンラインサロン／ゼロイチ広報
https://www.v-pr.net/service/zeroichi/

※株式会社ベンチャー広報は，株式会社ガイアックスグループ（名古屋証券取引所ネクスト市場上場）グループ会社　https://www.gaiax.co.jp/

【著者問合せ先】kohochuobook@gmail.com
【著者facebook】https://www.facebook.com/mikami.pr

## ■編集協力

　山口一臣　株式会社テックベンチャー総研　代表取締役CEO

# 広報のプロが教えるメディアのトリセツ
## ──取材獲得への５ステップ

2024年 5 月10日　第 1 版第 1 刷発行
2024年 7 月30日　第 1 版第 2 刷発行

著　者　三　　上　　毅　　一
発行者　山　　本　　　　継
発行所　㈱中　央　経　済　社
発売元　㈱中央経済グループ
　　　　パ ブ リ ッ シ ン グ

〒101-0051　東京都千代田区神田神保町1-35
電話　03 (3293) 3371 (編集代表)
　　　 03 (3293) 3381 (営業代表)
https://www.chuokeizai.co.jp

©2024
Printed in Japan

印刷／昭和情報プロセス㈱
製本／侑 井 上 製 本 所